青苹果丛书
QINGPINGGUO
走进生命的春天

U0714288

陈一筠青苹果教育
Chen Yiyun Green Apple Education

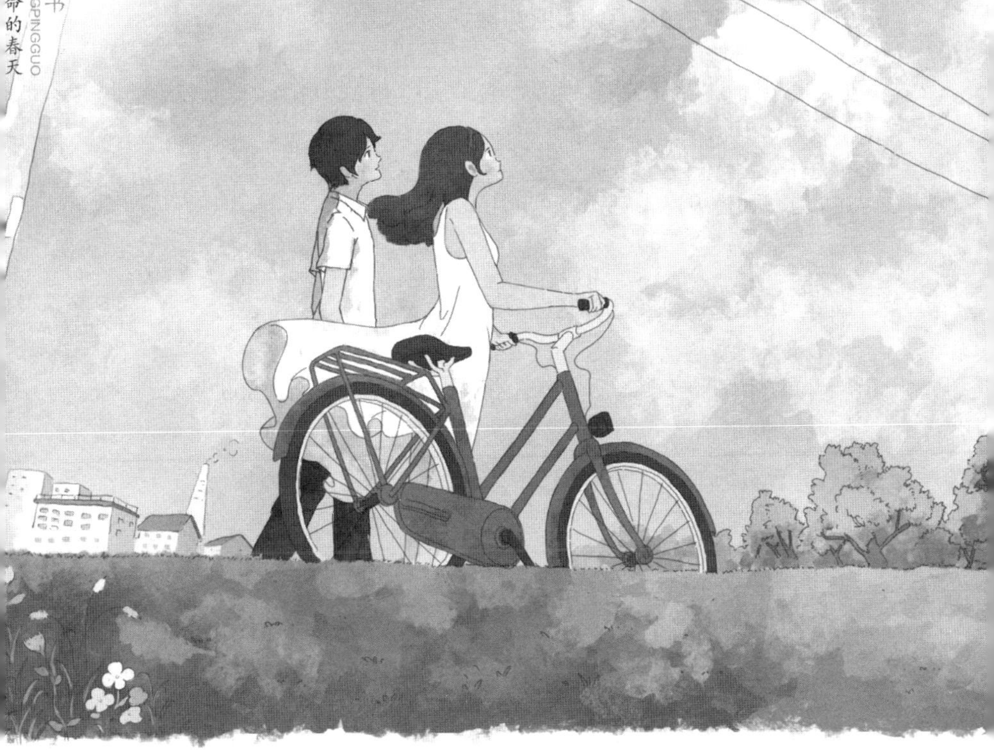

~ 中学生青春健康 ~

成长路上

陈一筠 主编

中山大學出版社
SUN YAT-SEN UNIVERSITY PRESS

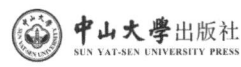

版权所有　翻印必究

图书在版编目（CIP）数据

成长路上/陈一筠主编. —广州：中山大学出版社，2017.10
（青苹果丛书）
ISBN 978-7-306-06129-4

Ⅰ. ①成… Ⅱ. ①陈… Ⅲ. ①青春期—健康教育 Ⅳ. ①G479

中国版本图书馆 CIP 数据核字（2017）第 186329 号

CHENGZHANG LUSHANG

| 出 版 人：徐　劲
| 策划编辑：金继伟
| 责任编辑：张　蕊
| 封面设计：高少波
| 责任校对：杨文泉　李艳清
| 责任技编：何雅涛
| 出版发行：中山大学出版社
| 电　　话：编辑部 020 - 84110771，84113349，84111997，84110779
| 发行部 020 - 84111998，84111981，84111160
| 地　　址：广州市新港西路 135 号
| 邮　　编：510275　　传　真：020 - 84036565
| 网　　址：http://www.zsup.com.cn　E-mail：zdcbs@mail.sysu.edu.cn
| 印 刷 者：广州市友盛彩印有限公司
| 规　　格：880mm×1230mm　1/32　4.875 印张　95 千字
| 版次印次：2017 年 10 月第 1 版　2023 年 10 月第 15 次印刷
| 定　　价：32.00 元

如发现本书因印装质量影响阅读，请与出版社发行部联系调换

~ 主编的话 ~

人们常说，青春期是人生的花季，成长中的少男少女好似春天的花朵，生机勃勃，芬芳美丽，接受祝福，享受欣喜。

然而，花季的天空并非总是阳光明媚。当你的身心发育突然加速，当你脑子里装进越来越多的问题，茫然与烦恼就可能不期而至：为什么我的外貌会变成这样？ 周围的异性同学都在注意我吗？ 我可以给×××送张情人卡吗？ 性是什么？ 为什么大人们提到这个字就表现得神秘兮兮？ 我该向谁诉说内心的愁烦和秘密？

是啊，当你步入人生的春天，五彩缤纷的园林和变化无常的天气多少会让你感到陌生与不适。 园中的香花与荒野的毒草都在初春萌芽，天上的云雾与沙尘相伴而行，你必须分辨香花

成长路上

与毒草，忍受云雾与沙尘；你还得抵御寒暑，经受暴风雨的袭击，从而增强体格，磨炼意志。这就是你独立的必经之路，这就是你走向成熟的压力与助力。你必须用知识和信念去充实内心，使身体的发育与人格的强壮同步并举。这样，你才有力量去承担人生的重负，你才有资格去肩负未来的使命。

亲爱的同学，那就让我们一起来学习青春期的知识，领略人生花季的风景吧！当你读完了这本书，你也许会发现，原来，除了语文、数学、英语等课程之外，还有更令人感兴趣的知识，那就是关于你自己的身心变化，关于你的同龄人，关于友情、爱情与性的那些既令你兴奋又让你沉思的青春话题。

我们希望，这本书能伴你穿过花季的云雾，趟过雨季的泥泞，享受阳光灿烂的春天，健康愉快而自信地迎来硕果累累的丰收季节。

2017 年 6 月

知晓生命奥秘

一、生命的孕育与诞生 /3
精卵结合 /3
胎儿的孕育 /5
胎儿的出生 /5
性别的决定 /6
双胞胎和多胞胎 /7
人工授精和试管婴儿 /8
避孕、节育和终止妊娠 /8

二、生殖器官的结构与功能 /10
女性的秘密 /10
男性的秘密 /11

悦纳青春体貌

一、青春期女孩 /16
月经 / 16

二、青春期男孩 /19
遗精 / 19

三、青春期体貌的突变 /22
长高 / 22
体重增加 / 22
体形变化 / 23
内脏机能的发育 / 24

四、悦纳青春体貌 /26

呵护青春健康

一、女孩卫生护理与保健 /37
乳房保健 / 37
月经期卫生 / 41
痛经 / 45
会阴部的卫生 / 47

二、男孩卫生护理与保健 /49
阴茎卫生 / 49
隐睾 / 50

三、其他保健与护理 /53

  青春痘 /53
  毛发的保护 /54
  体形的健美与肥胖预防 /56
  变声期的保护 /58

四、青春期心理保健 /60

  建立良好的人际关系 /61
  保持健康的心理状态 /62

解读青春密码

一、青春期性心理发育 /67

  性意识萌动 /67
  性好奇心理 /68
  性心理成熟 /70

二、少男少女的交往 /71

  对异性的态度 /71
  交往的类型 /75
  友情与爱情 /83

三、走出青春的迷茫 /92

  同伴交往的困惑 /92
  代际交流与沟通 /96

承担青春使命

一、青春期的性成长 /101
  自慰 /101
  性行为的表现 /104
  性关系的发生 /106

二、性欲的节制 /107

三、维护性健康 /109
  人工流产有损少女健康 /110

构筑青春防线

一、防范性侵害，保护人身安全 /117
  性侵害的类型 /117
  怎样预防性侵害 /118

二、慎用互联网，警惕网络陷阱 /121
  警惕互联网 /121
  沉迷网络游戏的危害 /123

三、预防性病、艾滋病，维护健康人生 /130
  常见的性传播疾病 /130
  艾滋病——生命的杀手 /131

四、拒绝毒品，珍爱生命 /136
  摇头丸："迷人"的毒魔 /136
  滥用毒品的代价 /138
  青少年吸毒的原因 /141
  入门毒品烟和酒 /144

Shengmingaomi

 成长路上

儿童刚开始学习观察事物和思考问题的时候，总是不停地向父母发问："天为什么是蓝的？""汽车为什么跑得那么快？""谁是小羊的妈妈？"……在许许多多的发问中，最让父母感到尴尬和难以回答的就是"我从哪里来？"这个"傻"问题。

很久以来，父母们对"我从哪里来？"这个必答的问题都表现出躲躲闪闪的不诚实态度。答案也千奇百怪："从医院抱来的""别人送来的""庄稼地里捡来的""石头缝里蹦出来的"……于是，孩子们就一直带着对生命的疑惑长大，直到自己有了孩子，仍旧不知道该怎样回答"我从哪里来？"这个神秘兮兮的问题。

为了满足少男少女的求知欲和好奇心，也为了让同学们尽早懂得男女之爱的责任和创造生命的奇迹，也为了将成为父母的下一代不再对未来的孩子撒谎，就让我们在这里诚实地、科学地向你们讲述生命孕育和诞生的故事吧。

一、生命的孕育与诞生

以前爸妈曾说我是医院抱来的，原来那是哄我的啊！那我到底是怎样出生的呢？

我们知道，不管是男孩还是女孩，他们在外貌、身体特征甚至性格方面都与父母有很多相似的地方。这是因为孩子都是父母结合的产物，是父母爱情的结晶。和大多数动物一样，人类只有通过生殖活动才能孕育自己的后代。这主要包括精卵结合、胎儿发育和出生三个过程。

具体来说，生命的孕育与诞生要经历以下几个阶段：

① 爸爸把精子送入妈妈的体内（性交）。

② 精子与卵子在妈妈的输卵管内结合（受精）。

③ 受精卵在子宫内发育大约266天（孕育）。

④ 胎儿由子宫收缩而经阴道娩出（分娩）。

精卵结合

人类的生殖活动必须由男、女两性个体共同完成。男性

产生的生殖细胞是精子,女性产生的生殖细胞是卵子。精子和卵子中分别携带着父亲和母亲的遗传信息。这些遗传信息通过精卵结合传递

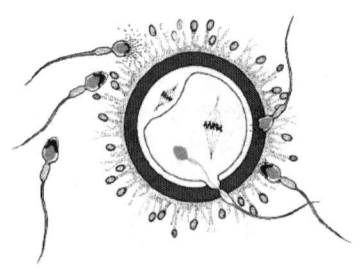

给下一代。人类就是这样一代代地繁衍下去,生生不息。

一个新的生命始于父亲的精子与母亲的卵子相结合的瞬间。生理上发育成熟、已有月经的女性,每月会在月经周期的中间排出一个卵子。排卵日一般在月经来潮前的14天,月经周期按28天计算,如果在排卵后24小时内有精子游到输卵管来与卵子相遇,结合为受精卵,再沿输卵管进入子宫,母亲就"怀孕"了。一般情况下,一个卵子只与一个精子结合。

小贴士

母亲怀孕的征候是她自己可以觉察到的。一是月经停止;二是乳房肿胀,触摸时有疼痛感;接着还会出现不同程度的"妊娠反应",即早上起床时觉得不舒服,有恶心、呕吐现象,或厌恶某种食物;比平时更易感到疲劳和瞌睡,等等。妊娠反应有轻有重,1~2个月后就会消失。

胎儿的孕育

母亲怀孕后,她的子宫里那层增厚的内膜就成为胎儿所必需的生存条件。母亲承担着孕育胎儿的一切责任。胎儿在母体内,通常要生长266天,如果从前一次月经来潮算起,要经历

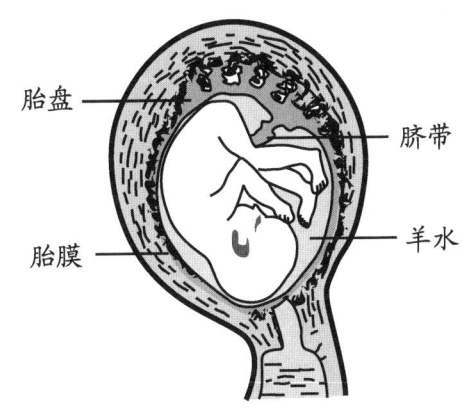

胎儿在子宫里发育

280天。胎儿在母体内的发育有三个阶段。第一阶段为第1~13周,胎儿身体长度可达10厘米,看不出其性别;第二阶段为第14~25周,身体长到25~30厘米,全部器官都可以看出来了,但此时如果早产,成活率只有10%;第三阶段为第26~38周,胎儿体重达到2~4千克,身体各器官都长成,皮肤上的绒毛全部脱落,准备出生。

胎儿的出生

胎儿在母体内发育成熟以后,就要离开母体了,我们通常把这个过程叫作"分娩"。

足月的胎儿一般通过母亲子宫收缩,经阴道被推出体

成长路上

外,这是"自然分娩"。在分娩过程中,母亲要经受1至数小时的阵痛。有的母亲因身体的种种不便,难以进行自然分娩,就需要与医生协商后实施"剖宫产"手术,即胎儿不经阴道而直接由腹部开刀取出。

温馨提示:

现在你们知道了父母创造生命的奥秘了吧!既然懂得了生命来之不易和母亲孕育分娩的艰辛,你就应该感谢父母,理解父母,热爱母亲,珍惜自己的生命。并且,你更应努力学习,准备承担人生的责任,报答父母的养育之恩。

性别的决定

孩子的性别是由精子和卵子的性染色体结合情况决定的。当精子和卵子结合时,未来孩子的性别就由精子所携带的性染色体决定了。精子的性染色体有两种,一种是X,另一种是Y;而卵子的性染色体永远只有一种,那就是X。带有Y

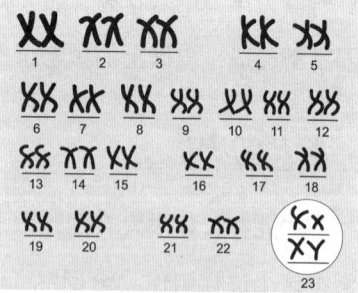

染色体示意图

染色体的精子与卵子结合（Y+X），胎儿就是男性；而带有X染色体的精子与卵子结合（X+X），胎儿就是女性。性染色体的主要功能就是赋予男女性别特征，而生殖器官是性别特征的最初标识。精子与卵子结合时，究竟是哪一个精子充当了"幸运者"，既不是爸爸的选择，也不是妈妈的选择。因此，那种认为生男还是生女说是女人的功或过的说法完全是错误的，是愚昧无知的表现。

小知识

男性和女性各有一对特殊的染色体，对胎儿的性别起着决定作用，这对染色体就是性染色体。人类有22对常染色体，一对性染色体，共23对。

双胞胎和多胞胎

双胞胎和多胞胎的形成有两种情况。一种情况是：一个成熟的卵子与一个精子正常地结合，但在受精卵发育过程中裂变为两个部分或三个部分，每个部分都形成一个胚胎，独立地发育起来。这样形成的胎儿就是双胞胎或三胞胎。由于当初受精时只有一个精子和一个卵子结合，所以分裂出的各部分会有同样的性染色体，于是胎儿的性别都是一样的。他们共处于一个胎盘之中，通常还长得很相似。这叫同卵胞胎。

另一种情况形成的双胞胎或多胞胎就不同了：卵巢同时

释放出两个或多个成熟的卵子,它们或从一侧的卵巢出来,或分别从两侧的卵巢出来,它们在输卵管里遇到不同的精子而结合。这样形成的胎儿就叫异卵胞胎。他们既可能是同性,又可能是异性,而且长得并不那么相似。三胞胎以上的同卵胞胎很罕见,一般都是异卵胞胎。

人工授精和试管婴儿

随着科学技术的发展,出现了人工授精和试管婴儿这些现代化生殖手段。在妻子排卵期间,把丈夫的精子或经选择的其他供精者的精子用人工手段置入妻子的生殖道内,为精子与卵子的结合创造条件。人工授精一般是在自然受精困难的情况下实施。现在许多国家都为实施人工授精而建立了精子库,主要用于治疗不孕症和达到优生优育的目的。

试管婴儿并不是在试管内培育起来的婴儿,而是精子和卵子在试管内受精形成胚胎,然后将胚胎移植到母体子宫内发育成胎儿。因此,试管婴儿的全称应当是"体外受精和胚胎移植"。这样形成的胎儿也要经过在母体子宫内的正常发育后出生。

避孕、节育和终止妊娠

1. 避孕

妈妈生了一个孩子,不愿再生第二个孩子,她就得采取

避孕措施。

避孕的基本原理就是阻止活动的精子与卵子接触、结合，或阻止受精卵形成胚胎。常用的方法有戴安全套、口服避孕药物，或置入宫内避孕器等。

2. 节育

节育就是采取简单的外科手术，将女性的两侧输卵管或男性的输精管结扎，使卵子或精子没有机会进入生殖道。这种手术在我国已经生育过的夫妻中普遍采用，而且男性做节育手术更为便捷。

3. 终止妊娠

终止妊娠就是人工流产。在意外怀孕又不想生孩子的情况下，人工流产是一种不得已的补救措施。人工流产在怀孕3个月之内进行，一般是简单的手术。超过3个月，就要求更高级的技术措施和理想的手术条件，否则容易出现意外。如果已怀孕12周以上，则要采取人工催产手术终止妊娠。所有终止妊娠的手术都必须到正规医院的妇产科或计划生育门诊去实施，不可随便找个诊所做。此外，人工流产后应接受术后保健咨询和心理咨询，并安排适当的休息，注意营养。

 成长路上

二、生殖器官的结构与功能

生命的孕育与诞生起始于精子和卵子的结合,那么,精子和卵子又是由人体的什么器官制造出来的呢?

男人和女人身上各有一组特殊的器官,专门用来生产精子和卵子,创造和孕育生命,这组器官就是生殖器官。生殖器官分为内生殖器和外生殖器两部分,藏在身体里面的叫内生殖器官,露在身体外面的叫外生殖器官。

女性的秘密

1. 外生殖器官

女性的外生殖器官包括阴阜、大阴唇、小阴唇、阴蒂等,它们都是性敏感的部位,所以

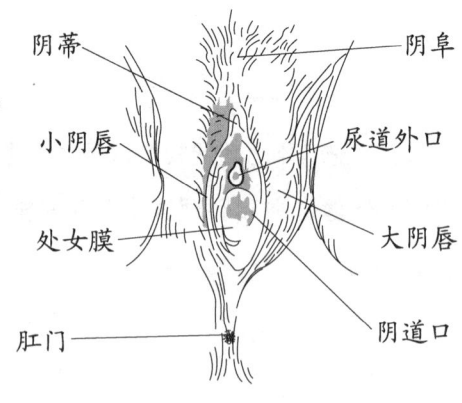

女性外生殖器

又称为性器官。

2. 内生殖器官

女性的内生殖器官有卵巢、输卵管、子宫和阴道。卵巢是生产卵子和分泌雌性激素的器官。卵巢是扁椭圆体，在腹腔两侧。

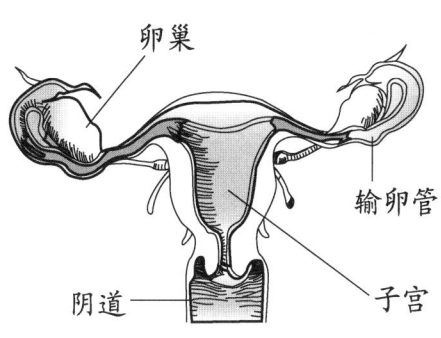

女性内生殖器

卵巢排出的成熟卵子与男性的精子结合为受精卵，这就是生命的源头。

输卵管是卵子与精子相遇的通道。子宫是一个壁厚、中空的肌肉型器官，形状如倒置的鸭梨，受精卵在这里发育为胚胎，成长为胎儿。小宝宝在妈妈子宫里长到10个月左右，就该出生了。子宫的一端有个宫颈口，与阴道相通。10个月的胎儿，被子宫的收缩推进阴道，从阴道口降生到这个世界上来。阴道也是当初爸爸把精子送入妈妈身体的通道。

男性的秘密

1. 外生殖器官

男性的外生殖器官主要是阴茎、阴囊和阴阜。它们是性敏感的部位，也是性交时要涉及的部位，故也称为性器官。阴茎兼有射精和排尿的功能。

2. 内生殖器官

内生殖器官包括睾丸、附睾、精囊、输精管等。睾丸是生产精子和分泌雄性激素的器官，在阴囊内左右各一

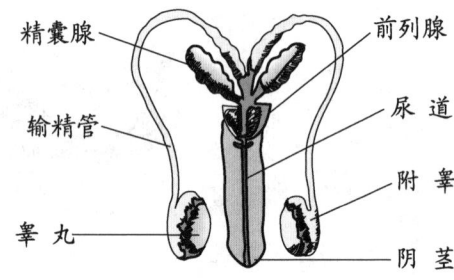

男性内生殖器

个。附睾是储存精子的场所，也是成对的。精囊是产生精液的器官，左右各一个。输精管是一系列管道，是精子连同精液排出的通道。

Qingchuntimao

成长路上

每个人的一生都要经历三个主要的成长阶段,即儿童期—青春期—成人期。

世界卫生组织把10～19岁这段时期称为青春期。

从完整的意义上讲,青春期不仅是人的性成熟期和生育能力的起始期,而且是身体、心理、智慧、人格成长与成熟的特殊阶段。

青春期的到来不是取决于个人的愿望,而是取决于自然的生理发育、心理特点与社会环境等因素。每个人进入青春期的年龄各不相同,不存在"标准年龄"或"恰当年龄"之说。

究竟是什么力量使得男孩和女孩到达青春期呢?生物学研究证明,是人体内的性激素在起作用。性激素是人体的性腺即女孩的卵巢和男孩的睾丸分泌释放出来的化学物质。性激素决定着男孩女孩的性成熟、生育能力的具备和身体外表特征的变化。

> **小知识**
>
> 激素有很多种，包括黄体素、雄性激素、雌性激素、甲状腺素、肾上腺素等。不同的激素是由人体内分泌系统的不同器官分泌的，它们能自动调节生理平衡。
>
> 激素对人体新陈代谢、体内环境的恒定、器官之间的协调、机体的生长发育、生殖能力等起着重要的协调作用。激素一旦失去平衡，机体就会出现病变。

一、青春期女孩

乳房变大了,是不是就标志着进入青春期了?初潮来临时,女孩有哪些明显特征?

一般来说,女孩月经来潮被认为是到达青春期的标志,即从此以后她就有了怀孕能力。女孩月经初潮的年龄平均在10～16岁之间,个体相差3～5年均属正常。

青春期女孩的体貌变化呈现出四大特点:一是乳房隆起;二是臀部增厚、突出;三是皮肤变得较细腻、光滑、柔软,体态丰满;四是嗓音变得清脆悦耳。当然,每个女性由于遗传、体质、环境等条件不同,青春体貌的发育程度和变化早晚是有差异的,没有标准与不标准之说。青春期的外在体貌特征又称为"第二特征"。

月 经

前面讲到精卵的结合孕育新生命。如果卵子排出后未与精子结合成受精卵,那么子宫就暂不承担孕育胎儿的任务,

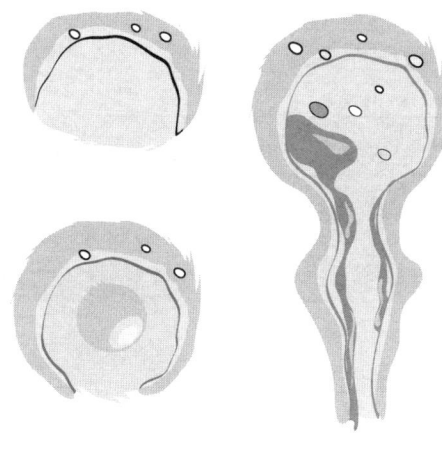

月经形成图示

子宫内已经增厚的内膜就会逐渐萎缩脱落,被排出体外,这一过程称为月经。

女性来月经的几天被称为"行经期",一般为3~6天。正常的月经为暗红色,质黏而无块,每次出血量在80毫升左右。月经不是通常意义上的出血,尽管也是红色的,含有红细胞和毛细血管。来月经不会损害女性的健康。由于一般女性的排卵周期为28~32天,所以月经形成规律后,也是28~32天出现一次。

第一次来月经称为初潮,女孩在月经初潮后,半年到一年之内,月经都可能不规律,经血量时多时少,间隔期时长时短。这是因为少女正处在性成熟期,下丘脑—垂体—卵巢轴的功能尚未完全发育成熟。开始来月经时并不排卵,只产生雌性激素,使子宫内膜增生,但雌性激素的水平又不够,使子宫内膜增生不充分。所以,有的少女月经来潮后要过数月再来,有时会发生不规则出血现象。经过一段时期的调整,卵巢发育成熟,开始有规律地排卵,从而才能建立起正常的月经周期。

成长路上

温馨提示：

女孩第一次月经来潮，是值得庆贺的事哦！这表示你长大了！邀请家人或亲密的朋友举办一个小小的聚会，会很开心的！

二、青春期男孩

我怎样知道自己进入青春期了呢？是不是长胡子就算进入青春期了？

男孩首次遗精被认为是到达青春期的标志，即从此以后他就有了使女性怀孕的能力。首次遗精发生在11～17岁之间均属正常。

青春期男孩的体貌变化呈现四大特点：一是体毛（胡须、腋毛、阴毛）出现；二是睾丸和阴茎变大；三是喉部长出喉结；四是变声后，声音变得粗沉。男孩青春期体貌发育的早晚和变化的程度也是因人而异的。但总的来说，男性青春体貌在17～20岁基本发育到位后，显出与女性完全不同的特征：身材较魁梧，肩宽臂阔，长出喉结和胡须，皮肤较粗糙，出现浓厚的男性气味，成了"堂堂男子汉"。

遗 精

遗精是处于青春期的男孩正常的生理现象。

睾丸生产的精子与精液一同储存在附睾中,达到一定量后,体内已无处可容,就会"精满自溢"。遗精是自然的生理现象。第一次遗精一般在睡梦中发生,叫"梦遗"。遗精并不神秘,青少年不应对此有思想负担。精液中除精子外,还有微量的蛋白质、脂肪和糖分。精液的主要成分是水,所以遗精无碍健康。有些医学家和心理学家认为,遗精在某种程度上可以缓解性压力,有助于生理平衡。

温馨提示:

对毫无思想准备的男孩来说,首次梦遗可能引起恐慌和困惑。其实不必担心,这说明你已经发育,正在长大成人。遗精不仅不是疾病,而且在某种程度上,还是发育正常和生理健康的显示。长大成人的男子,也会发生梦遗。但你要知道,从此之后,你便有了让女孩怀孕的能力,所以你更要自重自爱,对自己的行为举止负责。

当然,个别青少年遗精太频繁,1~2天一次甚至一天数次,甚至午睡时也发生遗精,由此造成头晕、乏力、腰酸、耳鸣、心悸、气短、面色苍白、精神不振等症状时,就应该引起重视,去医院就诊。

健康的人能够自己抑制过度的生理反应。为此，首先，要学习性知识，放松精神，转移注意力，使大脑的性兴奋减缓，自觉不看淫秽书刊及色情影视作品。其次，养成良好的作息习惯，积极参加各种文体活动。再次，应适当节制手淫。青少年手淫过度也易引起遗精。最后，还要保持生殖器官的卫生，避免生殖器官受到不良刺激。包皮过长、包茎、尿道炎、前列腺炎等疾病，或内裤太紧、晚上睡眠时被子盖得太厚等，均可能引起遗精。

三、青春期体貌的突变

伴随青春期生理标志（即月经和遗精）出现的是身体内外一系列的变化，这些变化都表明迈向成人期的步伐加快了。

长 高

女孩月经来潮前1年左右，男孩在遗精前1年左右，即青春前期，身体会突然长高。这是由于骨骼的发育使下肢和脊柱增长所致。身体急速长高的过程可能经历2～3年，以后便减缓。停止长高的年龄，女孩在19～22岁，男孩在23～25岁。每个人的长高速度和最终达到的身高各不相同，这里既有性成熟早晚和遗传因素的影响，又与营养、运动和健康状况等有关。

体重增加

青春期少男少女的体重迅速增加，主要是由于骨骼、肌肉、内脏、脂肪的综合发育所致，平均每年可增重5～6千克。女孩的体重增加主要由于骨骼的伸长和脂肪的加厚；而男孩体重的增加原因除骨骼伸长外，还有肌肉的增多。成年男性肌肉重量占体重的42%左右，女性占36%左右，这

是由于激素的差异和一般女孩活动量较男孩小。因此，女孩体内的脂肪容易积累，平均可占到体重的28%，而男孩平均占18%。这使男性显得结实健壮，女性显得丰满柔软。

专家建议

青少年可以通过合理的饮食和适当的锻炼来控制体重及脂肪的积存量，以保持良好的体形和健康的体质。但刻意节食减肥或使用药物减肥，不利于少男少女的身体发育。

体形变化

骨骼、肌肉和脂肪是决定体形的三要素。因雌、雄性激素的不同作用，使这三要素的发育程度和分布状况显示出性别差异，从而形成了男性和女性的体形特征。

男性一般肩宽臂阔，身体较高大，盆骨较小，胸肌发达，脂肪仅在肩部有少量积累，显出强健、魁梧的阳刚之美。

女性则四肢和髋关节处骨骼发达，脂肪集中分布在乳房、臀部及肩背处，腰细臀厚，盆骨宽大，皮肤较细腻，显出体态丰满、柔软和曲线分明的阴柔之美。

成长路上

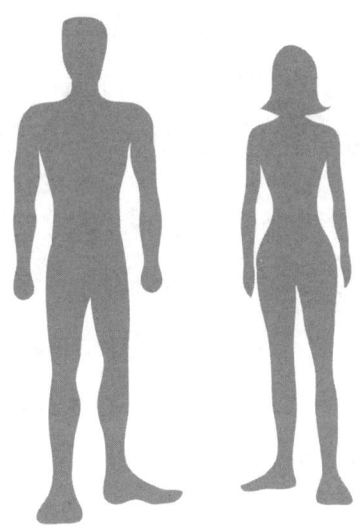

男孩、女孩体型对比示意图

内脏机能的发育

内脏机能的发育是青少年逐渐变为成年人的重要步骤，是心理成熟的物质基础。

1. 大脑和神经系统的发育

青春期脑皮层细胞的发育达到相当水平，脑神经纤维变粗、增长，分枝及神经髓鞘形成，为人体内快速而准确的神经信息传递提供物质基础。此时，脑垂体、甲状腺、肾上腺等内分泌腺产生的激素也相应活跃起来，促使脑神经的兴奋度增强；大脑的智能水平提高，使人的感觉、知觉、思维、记忆等功能扩展，感知能力增强，理解、分析和判断力也大大发展。所以说青春期是学习与成才的黄金时期,是青少年奠定人生与事业基础的重要阶段。

2. 心脏的发育

进入青春期,心脏的重量达到初生儿的 10 倍。心肌增长、加厚,使心脏收缩力加强,容积增大,供血量明显增多。12 岁时,心室每收缩一次输出的血量(每搏输出量)约为 41 毫升,到 17 岁时就接近成人的每搏输出量,即每搏一次为 60～80 毫升。女性的心脏容积和重量一般比男性少 10%～15%,所以在劳动或运动中,女性心脏每搏输出量比男性少,心跳每分钟比男性多 8～10 次。因此,在体力劳动和体育锻炼强度方面,应当考虑到男女的这种生理差异,适当照顾女性。

3. 肺脏的发育

肺活量表示肺的呼吸功能。14～15 岁的青少年肺活量可增至 2500 毫升左右,20 岁的成年男子肺活量可达 4800 毫升。女性由于运动强度与男性的差异,其肺活量比男性小 1/3 左右,呼吸频率也比较快。体育锻炼可以增加肺活量,增强呼吸机能。

四、悦纳青春体貌

我总是觉得自己长得不够漂亮,多么羡慕电视上那些美丽动人的女明星啊!我感到自卑,心里很烦恼。

"自己长得不漂亮"是青春期的少男少女常有的一种疑虑,前面谈到性别特征是先天的,由性染色体决定,自己不能选择,只能平静而欣然地接纳。同样,外貌特征也不是自己可以选择的。

人有各种体形,有的矮,有的高,有的瘦,有的胖,有的苗条,有的丰满。在某种程度上,我们可以通过调节饮食和锻炼身体来改变自己的体形。如果太瘦,就可以用增加食量的办法增加体重;如果太胖,节食和其他减肥办法可以减少一些脂肪积

累。大家也可以通过锻炼身体各部分来调节身体的发育。但无论吃得多还是少，也无论进行怎样的锻炼，一个人的基本体形是很难改变的。那些减肥"奇效"的广告很多是缺乏科学依据的。

欣然接纳自己的体貌是有知识、有理性、有自信心和有自知之明的表现。在现实生活中，总有少数人对自己的体形不满意甚至不能接纳，有的还做出反自然并有损健康的改变，招致难以弥补的后果。大众媒体总在示范某种"理想体形"。青少年在影视、杂志、互联网等媒体上看到的"明星"似乎都完美无缺。可是，你想想，如果天下所有女人都长得像章子怡，所有男人都长得跟刘德华一样，那这个世界该是多么枯燥乏味啊！

小知识

体像障碍

日本的一些心理学家对女大学生进行调查，要她们回忆初中时代自己感到什么最苦恼，结果发现多数人的苦恼与容貌、体形有关。如有的人"希望自己能长得更可爱些"，有的人"希望自己长得苗条些，变得更漂亮些，20岁时一定要到东京去整容"。心理学家把这种在青春过渡期产生的心理现象称为"体像障碍"。

须知,那些"明星"并不是普遍存在的,在人口中所占比例微乎其微,有的甚至是通过手术做出来的"人造美女"。况且,不同朝代的人们对形体美的欣赏标准也是不同的。例如,我国唐朝时,女性形体偏胖才算美,而现在的人们却欣赏女性苗条。可见"理想体形"有特定人种、特定文化、特定的时代背景。合乎"时尚"的某种体形未必比另一种更"美"。

唐朝女性以胖为美

学会接纳和欣赏自己的身体,而不以时尚为标准,这是从幼稚走向成熟的表现。须知,每个人都是一个独特的她(他),找不到第二个同样的人。独特就是美。应该努力去发现自己身上的独特之处,并为此而自豪。如果人人都长成某广告模特儿或某个女明星或男明星的模样,这个世界岂不会失去其丰富多彩的美?

小贴士

记住:在这个世界上,每个人都是独一无二的,不可取代的,所以你要学会欣赏自己的独特美啊!否则,走在大街上,大家都长一个样,那多枯燥啊!

俄国大文豪列夫·托尔斯泰说过，人不是因为美丽才可爱，而是因为可爱才美丽。这里所说的美丽是内在美、品格美。内在美不是天生的，而是通过修养得来的。这就是说，青春期的少男少女要通过加强自我修养，提高和完善内在的素质而使自己真正美丽。有的人虽外表漂亮却内心丑恶，有的人虽其貌不扬却心地善良。这种外美内丑、内美外丑的人在现实生活中都不罕见。那么，前者和后者究竟谁更美，谁更能被人接受和赞赏呢？

温馨提示：

青少年要懂得什么是美和怎样鉴赏美。心灵美以及由此而产生的行为美才是美的最高境界。外表美的不足可以通过内在美来弥补，而心灵的卑污却不是外表美可以掩饰的。心灵美是美丽的核心和灵魂，它是宝贵的、具有不可取代的价值。

成长路上

成长启示录 ❶

24岁的英国女孩卢卡斯，患有一种罕见的基因异常病，面貌长得"与众不同"。因为有着一张被人形容为"难看、畸形"的脸，卢卡斯受尽了奚落与嘲笑。虽然她还年轻，但已深刻体验过人间的冷暖，并从中悟出一条真理：其实需要改变的，并不是她的面孔，而是人们狭隘的眼界与偏见。

在许多人不惜代价地追求完美容貌和身材的年代，有着一张畸形脸蛋的卢卡斯却坚持不整容。在接受英国BBC广播电台的采访时，卢卡斯缓缓道出她的人生、她的思考。

卢卡斯4岁的时候，医生诊断她患有"家族性颌骨增生"症。有着这样的外貌，卢卡斯在成长过程中吃尽苦头。周围的人除了用奇怪的眼光打量她之外，更有些人用刻薄的话语羞辱她，即使是一些怜悯的表示如"可怜的小东西"，也会伤害她稚嫩的心灵，而且久久不能平复。因为害怕遭到轻蔑的目光，卢卡斯曾经变得非常畏惧，甚至不敢出门。

然而，年纪轻轻的卢卡斯终未被那些压力击倒，相反，她学会了在逆境中建立个人的自尊与自信心，懂得了生命不应浪费在人们对她不友善的目光中。16岁那年，卢卡斯上了大专，攻读电影、传媒及摄影等课程，希望了解传媒是怎样描绘"面容独特"的人。卢卡斯发现，原来电影中面孔"畸形"的人，往往是坏蛋。她开始明白了人们为什么会对长相不正常的人有那样的反应，更清楚地认识到"面貌畸形不单是医学问题，也是社会问题"。

这个发现是她人生的转折点。卢卡斯说："过去我那么不快乐，并非因为我的脸，而是一些人对我面孔做出的反应。我要改变的不是面孔，而是社会的态度。我不反对整容，但我自己不会选择这么做。"现在，如果卢卡斯遇上说她"丑陋"的人，她只会同情对方的浅薄和缺乏想象力。事实上，卢卡斯"不一样"的脸孔令她很早便品尝过人生的酸甜苦辣。卢卡斯说，为了那些能接受她的朋友，她要努力让自己更加出色。

卢卡斯天生长得不美，但她却用实际行动改变了自己的

人生,活出了自己不一样的精彩。知晓了卢卡斯的故事,少男少女们难道还会因为自己长得"不完美"而烦恼吗?小心,千万别把大好的青春韶华浪费在烦恼中啊!接下来,我们再看一个相反的例子吧。

成长启示录 2

一对亲姐妹双双到美容院做了隆胸和除皱手术。不料美容后,姐妹俩的容貌不但没有锦上添花,反而毁于一旦。而这家号称由"知名美容博士联手打造"的美容中心竟然没有医疗美容的资质。

她们到正规美容医院咨询,医生说手术非常失败。姐姐手术后失去了哺乳功能,胸部像石头一样硬,左臂也不能抬起,天天都要吃消炎药。

医生说,要重新手术复原,不仅要付出巨额的治疗费用,而且还得忍受更多的痛苦。

妹妹手术时下眼皮多切掉了一块,两眼的白眼球下方多露出3毫米,黑眼球不定位,双眼也闭不严。如今,她必须整天戴着墨镜出入。

这对姐妹为追求人造"美",付出了怎样的代价!值得吗?对成长中的少男少女来说,美意味着健康、自然、和谐、朝气,绝不只是一张脸和一种身材可以显示出来的。

 **专家建议**

医疗美容是指运用手术、药物、医疗器械以及其他具有创伤性或者侵入性的医学技术方法对人的容貌和人体各部位形态进行的修复与再塑。它不同于生活美容利用化妆品等物理方法进行的修饰，也不同于一般临床手术以功能恢复为最终目的。

做医疗美容手术是有很大风险的，其后果是不可逆转的。青少年身体尚未发育成熟，做手术更容易受到损毁。市场上有些美容机构，号称是"某某知名品牌"，技术如何先进，医术如何高超，其实很多是骗人的。青少年千万不可轻信上当。

 成长路上

青春期是一个身心发育的特殊时期,此时的健康对未来的学习、工作和生活具有决定性的意义。因此,少男少女必须懂得青春期的保健知识,养成良好的卫生习惯。学会对生殖器官的保护也是善待自己的一个重要方面。

一、女孩卫生护理与保健

女性生殖器官结构复杂,青春期女孩性征发育快,所以卫生保健对女孩来说十分重要,尤其是乳房保健护理和经期卫生。

乳房保健

青春期乳房的发育标志着少女开始成熟,隆起的乳房也体现了女性成熟所特有的曲线美和健康美,并为日后给婴儿哺乳准备了条件。因此,乳房的保护与保健是少女青春期卫生的重要方面。

女孩在乳房保健时要注意以下几点:

成长路上

● 切勿束胸

处于青春期发育阶段的少女千万不要穿紧身内衣。束胸对少女的发育和健康有很多害处。

第一,束胸使心脏、肺脏和大血管受到压迫,从而影响身体内脏器官的正常发育。

第二,束胸会影响呼吸功能。束胸影响胸部呼吸,使胸部不能充分扩张,肺组织不能充分舒展,空气吸入量减少,以致影响全身氧气的供应。

第三,束胸压迫乳房,使血液循环不畅,导致乳房下部血液淤滞而引起疼痛、乳房胀而不适,甚至造成乳头内陷,乳房发育不良,导致将来哺乳困难。

● 选戴合适的乳罩

乳房发育基本定型后,少女应及时选戴合适的乳罩。少女大约在15岁乳房发育基本定型,但个体差异较大。一般情况下,可用软尺从乳房上缘经乳头量至下缘,上下距离大于16厘米时即可配戴乳罩。戴乳罩有以下好处:

第一,显示出女性的体形美。

第二,支托乳房,防止下垂。

第三,可预防乳房下部血液淤滞而引起乳房疾患。

第四,减轻心脏的局部压力,促进心脏血液循环畅通,有利乳房发育。

第五,减轻由于体育运动或体力劳动造成的乳房震动,还可避免乳房受伤。

第六,保护乳头不受擦伤或碰痛;在秋、冬季,乳罩还有保暖作用。

● **保持乳房清洁卫生**

青春期的少女由于内分泌的原因,在月经周期前后,可能有乳房胀痛、乳头痒痛现象。这时少女们千万不要随便挤弄乳房、抠剔乳头,以免造成破口而发生感染。乳晕有许多腺体,会分泌油脂样物质,它可以保护皮肤,但也会沾染污垢、导致红肿等,因而要经常清洗乳头、乳晕、乳房,保持乳房的清洁卫生。

温馨提示:

乳房发育过程中可能出现乳房过小或过大、双侧乳房发育不均、乳房不发育、乳房畸形以及乳房包块等现象。如遇到这种情况,女孩不必惊慌失措,可采取以下措施:一是可以通过健美运动促使胸肌发达,使乳房显得丰满;二是在医师指导下进行适当调治。少女要到身体发育定型、性生理完全成熟才能确定乳房是否发育不良,不要过早下结论。女孩应把乳房发育的情况告诉妈妈或校医,以便及时得到必要的保健指导。

小常识

乳房保养法

洗澡得法 避免用过热的水刺激乳房,不要在过热的水中长时间浸泡,以免使乳房的软组织松弛。

挺胸直背 女性的背部直挺大多与乳房的健美有着极为重要的关系,当你走路保持背部平直时,乳房自然挺起突出,坐与立时也应挺胸抬头。

防止挤压 在这点上要特别注意睡姿。一般认为仰卧姿态为好,尽量不要侧身睡,以免挤压乳房。

做深呼吸 每天早晨或晚上做数次深呼吸,这样可使胸部得到充分的发育,也会促进胸肌的发达。

切勿挑食 一些少女为了保持身体曲线美,刻意挑食,忌食鱼肉,专吃素菜。其实吃些鱼肉和乳制品,可保持乳房的丰满。

避免外伤 乳房处于人体的突出部位,若不注意,容易受到外力撞碰,使肌肉组织受伤。

勤用浴液 每次洗澡时,最好用健美浴液从乳头开始呈圆形逐渐向外擦洗,直到颈部。

选好乳罩 乳罩的选择切不可掉以轻心。要选择合适的,不要使乳房有压迫感,大小一般以罩住乳房为宜,使乳罩与乳房形成一个严密的整体。

多做运动 如果你喜欢游泳,那希望你坚持下去,因为无论水中的运动还是水对乳房的"按摩",都会使胸肌均匀发达,使乳房更美、更健康。

呵护青春健康

月经期卫生

少女对首次阴道出血往往会感到惊恐不安,当了解到那是正常的月经初潮后,又可能对如何处理月经束手无策。因此,少女在初潮前有必要学习月经期的卫生知识。

> 幸好我之前已经知道了月经的来由,当我发现裤子湿有血时,就知道月经来了,没什么好害怕的。

月经是女性子宫内膜剥脱,经血从阴道排出的过程。在月经期,由于子宫内膜脱落,就形成了一个创面,阴道内正常的酸性环境也可能因经血排出而冲淡。同时,子宫颈口微微张开,盆腔充血等致使生殖器官局部防御机能下降,如不注意卫生,细菌很容易上行侵入内生殖器官。少女月经期,大脑兴奋性降低,全身抵抗力有所下降,机体容易疲劳,也容易受凉感冒或患其他病症。所以,少女在月经期应注意以下几点:

● 经期用品的卫生

月经期间,要注意选择有质量保证的卫生巾。养成勤换卫生巾的习惯。在使用卫生巾时如发现有瘙痒或红肿等过敏症状,应该立即停止使用,一般停用后皮肤可恢复正常。

● 保持外阴清洁

每天用干净的温水冲洗外阴，避免经血结痂。清洗外阴时，阴部不要泡在水中，以免脏水渗进阴道。更不能用洗脚巾和洗脚水擦洗外阴。大小便后用卫生纸时要由前向后揩擦，这样可避免把肛门周围的细菌带到外阴处。

● 保持乐观和稳定的情绪

在月经期间，少女往往因身体的某些不适，如乳胀、腰酸、小腹坠胀、头痛而情绪烦躁、易怒或抑郁，情绪波动反过来又影响月经。保持心情舒畅，自我调节情绪，就可以减轻月经期的不适感觉，也能防止月经失调。

● 适当控制运动量

月经期要注意休息，保持充足的睡眠，以增强机体抵抗力。避免剧烈的体育运动和重体力劳动。女同学若遇到月经期间上体育课，可以向老师说明情况，参加一些轻松的运动，如做体操、散步、打羽毛球或乒乓球等。

● 注意保暖

月经期身体抵抗力下降,盆腔充血,要注意保暖。避免淋雨、游泳或用冷水洗澡、洗头、洗脚,也不要在潮湿的地上坐。夏天不要喝过多的冷饮,以免受寒、着凉,从而刺激盆腔血管收缩,导致月经减少或突然停经,引发其他疾病。

● 注意饮食营养及卫生

月经期间可吃些容易消化吸收的食品,如蛋类、瘦肉、豆制品、蔬菜、水果,同时还要多喝开水,增加排尿次数,冲洗尿道,以预防炎症。不吃生冷及辛辣等带刺激性的食物,保持大便通畅,减少盆腔充血。

● 做好月经周期的记录

通过记录可观察自己月经是否有规律,也便于做好经前的准备。少女月经初潮后,在半年到一年之内月经可能没有稳定的周期,这属于正常现象。当有稳定的周期后,出现经期紊乱,应当去找医师检查,以便及时发现原因。

 成长路上

日＼月	1	2	3	4	5	6	7	8	9	10	11	12
1												
2												
3												
4												
5												
6												
7												
8												
9												
10												
11												
12												
13												
14												
15												
16												
17												
18												
19												
20												
21												
22												
23												
24												
25												
26												
27												
28												
29												
30												
31												

月经记录表是妇科医师最需要的参考资料，请认真记录，妥善保存。

下课了,往常总是第一个冲出教室的小丽今天却老老实实地坐在自己的座位上,双手按着肚子,一脸痛苦的表情,过一会儿又好些了。

或许你也有类似的经历,就是在月经前或月经期间感到不舒服,腹部坠胀甚至疼痛。这是正常的生理现象,不至于影响正常的生活。但有少数女孩(10%左右)在月经前几天、几小时或月经期间,下腹部、腰部会发生剧烈的胀痛、绞痛或阵痛,有的还伴有恶心、呕吐或出现面色苍白、手脚冰凉、出冷汗甚至晕倒的现象,这就叫痛经。

痛 经

青春期少女痛经一般属于原发性痛经。原发性痛经又称功能性痛经,不是由器质性疾病引起的,而是由于生殖器官功能不健全造成的,通常发生在月经初潮后不久。在发育成熟后,这种痛经会逐渐减轻或消失。

原发性痛经与心理因素、体质强弱、子宫收缩和经期卫生有关。对于中学生来说,绝大部分痛经和情绪因素有关。平日情绪容易紧张、神经敏感、情绪不稳定的女孩容易痛

经。由于对月经怀有恐惧和焦虑,在大脑中形成了不良的条件反射,从而加重了神经的痛觉敏感性。

体质弱、缺乏锻炼的女孩也容易痛经,这是因为虚弱降低了身体的耐受力。有些女孩的子宫发育尚不完善,如子宫肌肉和纤维组织比例失调,致使行经时子宫产生不协调收缩;有些女孩的子宫宫颈口或子宫颈狭窄,子宫过度倾曲,导致经血流出不畅,刺激子宫剧烈收缩而发生痛经。

另外,剧烈运动、经期淋雨受寒、涉水过河或吃冷饮过多,也会引起子宫强烈收缩而发生痛经。

 **专家建议**

如何消除痛经?

首先,要消除对月经的恐惧和紧张情绪,保持心情愉快、情绪稳定是克服心理因素引起痛经的最好办法。

其次,增强经期保健意识,不受环境的干扰,经期前后听听音乐、看看小说、注意休息、避免剧烈运动,都对轻松度过经期有益。平时加强体育锻炼,提高对环境的适应能力和抗病能力,也是克服痛经的健康基础。

如果痛经较重可以采取适当的措施:

① 适当服用一些镇痛、止痛、抗痉挛的药物,如肠溶阿司匹林等。另外,中药对治疗痛经也很有效。它通过调理

全身生理状况而达到根治痛经的目的,痛经严重者不妨尝试看中医。

② 用热水袋敷胀痛处。

③ 吃些蜂蜜、香蕉及酸菜等食品以及富含纤维素的食品如白菜、芽菜、韭菜、粗粮等,既可以防便秘,也可以消除痛经的诱因。同时,忌食生冷和刺激性食品如葱、蒜、辣椒、冰激凌等。另外,坚持做医疗体操对缓解痛经也是有好处的。

温馨提示:

> 痛经是女孩青春期的暂时性症状。成年以后,特别是结婚、生育以后,伴随子宫得到充分发育及内分泌活动更加稳定,痛经自然会好转。所以,痛经的女孩不必过于担忧。

会阴部的卫生

青春期少女处于新陈代谢旺盛阶段,汗腺和皮脂腺分泌多,以湿润周围皮肤。大小阴唇皱褶部位容易积存污垢,较胖的少女更是如此。所以,会阴部的卫生十分重要。为保持清洁应注意以下几点:

第一,每晚都要用温水清洗外阴,一般不要用高锰酸钾

等消毒液。

第二，清洗外阴的盆、毛巾以及水要专用，不能与洗脚的盆、毛巾和水混用。

第三，不要穿别人的内裤，自己的内裤要选用透气性好、吸湿性强的棉制品。

第四，养成大便用纸从前向后揩擦的习惯，防止肛门口的细菌进入阴道。

第五，注意经期卫生。

第六，若白带量多，又有异味或有血色，要及时去医院检查治疗，以免引起阴道感染和外阴瘙痒。

专家建议

非月经期间，尽量避免使用卫生棉垫，长期使用容易滋生细菌，引发会阴部感染。最好是每天清洗外阴，并尽量保持干爽。

二、男孩卫生护理与保健

青春期卫生保健并不是女孩的专利，它对男孩来说同样需要。男孩青春期生理保健主要是注意阴茎和睾丸的保护。

阴茎卫生

包皮过长和包茎是男孩中比较常见的现象。正常成人阴茎松弛时包皮不遮盖尿道口，包皮上翻时能露出冠状沟。"包皮过长"是包皮盖没了尿道口，但上翻时仍能露出尿道口和阴茎头。"包茎"则是指包皮口狭小，紧包住阴茎，不能向后翻开露出阴茎头。

包皮过长的危害主要是影响包皮和阴茎头之间的清洁，容易发生"包皮阴茎头炎"，进而发生"后天获得性包茎"。在正常情况下，包皮会产生一种带臭味的物质，呈乳白色豆渣状，叫"包皮垢"。包皮垢是细菌繁殖的温床。若不能及时将包皮上翻并清洗干净，就会使包皮和阴茎头发炎，出现局部红肿、刺痒或疼痛，这就是包皮阴茎头炎。

青春期的男孩应每晚清洗阴部,把包皮翻上清洗阴茎头。若已发现包茎阴茎头炎,要及时去医院就诊。包茎患者要及时去做手术,包皮过长是否需要施行手术,应听取医生的建议。包皮切除手术是小手术,不需要住院,术后可以立即回家。手术对性功能和将来的性生活不会有任何影响,还有助于阴茎的健康发育。

隐 睾

睾丸正常的位置是在阴囊内。如果睾丸长久停留在腹腔内而未降入阴囊中,就称为"隐睾症"或"睾丸下降不全"。隐睾是男孩中一种比较常见的先天性畸形。如果到了青春期睾丸还未坠入阴囊,在腹腔温度过高(35℃)时,睾丸生精细胞可能停止分化产生精子,造成不育甚至癌变。对此,应及早实施手术固定。

温馨提示:

男孩在运动或与同伴打闹时,要避免自己的睾丸、阴茎遭受剧烈的撞击和踢打。正处于发育期的生殖器官还比较稚嫩,稍不注意,就会受伤。严重的损伤会影响今后的生殖功能,甚至不能过正常人的生活。男孩一定要格外小心保护自己的生殖器官哦!

男孩性器官的保健，除了要预防运动损伤外，平时还要注意生殖器官卫生，这对男性健康有着重要的意义，不容忽视。归纳如下三点：

● 养成每天清洗生殖器官的习惯

由于男性阴囊、阴茎皮肤皱褶多，汗腺多，新陈代谢旺盛，身体的分泌物也较多。如果穿化纤内裤，通风不良，汗液、残留尿液、粪渣等，容易引起感染。养成每天清洗的习惯，保持阴部的清洁，可以避免会阴及生殖器官疾病。

在清洗的过程中，盆、毛巾一定要专用，不要和洗脚盆、洗脚毛巾混用，避免交叉感染。

● 勤换内裤

一般人都是洗澡后才换内裤，但是到了冬天，有些人洗澡相隔时间较长，这时一定要注意清洗后及时换内裤。特别是有过遗精或手淫的人更要勤换，否则精液粘在内裤上会给细菌造成适宜的繁殖环境。内裤最好选择棉制品，平时不要用手随便搔抓阴部，以免引起细菌感染。

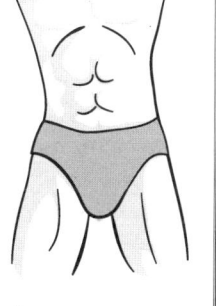

成长路上

● 不宜穿过紧的裤子

男孩穿过紧的裤子会使会阴部通风不畅,影响会阴部的卫生,这一点不容忽视。另外,由于阴囊对温度变化敏感,体积常随温度改变,经常穿紧身裤可使阴囊皮肤增厚,睾丸升高达腹股沟外环部位,从而导致睾丸温度高于正常温度,影响睾丸中精子的发育。此外,裤子过紧增加了对阴茎头的摩擦,容易引起性冲动。

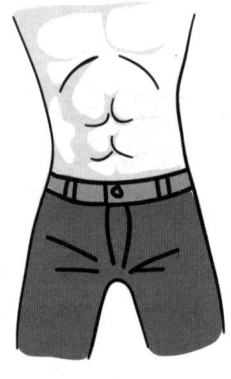

三、其他保健与护理

以上所讲的生理保健知识男女有别,以下的保健事项则是男孩、女孩都要注意的。

青春痘

青春期,很多少男少女脸上长出一些红色的颗粒,经常发痒;不小心抓破时,还容易发生感染,形成疤痕。这就是人们常常说到的痤疮,俗称青春痘。这是因为体内性激素代谢异常等因素引起的皮脂腺与毛囊的慢性炎症,常发生在面部、上胸、肩胛及背部等皮脂腺发达的地方。

我现在脸上长了一些小红点点,难看死了,都不想出门见人,有时实在忍不住了就想用手去挤,可是妈妈说不能挤,会留下疤痕的。那该怎么办呢?

 成长路上

首先,要保持面部皮肤的清洁卫生,经常用温水洗脸。可选用中性洗面液,尽量少用香脂等油脂类化妆品。一般每日洗面1～3次。千万不要用手挤压患处,以防感染。痤疮感染扩展成片,会在面部皮肤上形成麻点或斑痕,影响美观。

其次,应少吃肥肉、猪油、甜品和辛辣刺激性食物,多吃蔬菜水果等。青少年不宜饮酒和吸烟。此外,要经常洗头发、洗澡,用抗菌皂可除去一些油脂,预防青春痘。如果你的青春痘比较严重,应到医院请皮肤科医生检查治疗。还要注意,保持良好的情绪、充足的睡眠、合理的营养,这些也是面部皮肤健美的重要因素。

温馨提示:

青春痘很烦人,但这也是青春期难免的现象。一个人如果心情愉快,可能减缓青春痘爆发。所以少男少女们不要为脸上的几个青春痘而耿耿于怀。若注意皮肤清洁和适当的保健,过一段时间青春痘就会自动消失。

毛发的保护

少男少女要经常洗头,注意头发卫生。每日2～3次梳

理头发，可以促进头皮血液循环，并可除去头皮屑，使头发不受损害。其次是加强营养，从饮食中摄取丰富的蛋白质、脂肪、维生素以及微量元素，以促进头发生长并使头发保持光泽且不易脱落。

此外，注意科学用脑、保证充足的睡眠和适当的休息也是青春期毛发保健的重要方面。

小知识

发质分为油性、中性、干性三种，其中油性发质特别要注意护理。油性发质的护理要诀是：注意清洁头皮；不要用过热的水洗发，以免刺激油脂分泌；护发素只宜涂在发干上，不要抹在头皮上；不要经常用发刷梳头，要以梳子代替发刷，并只梳理发丝。

男孩还要注意胡须的卫生保健。可用干净、消毒的剃须刀修刮胡须，切勿用手指、镊子、铁铗等物硬拔胡须，以免引起毛囊发炎。此外，体毛、腋毛、阴毛也要经常清洗，保持卫生。

男孩的剃须刀一定要专人专用，不要用别人的剃须刀，因为剃须刀有可能刮破皮肤而流血，而有的病菌正是通过血液传播的。

体形的健美与肥胖预防

近年来青少年的肥胖人数不断增加。肥胖分两类：一类为病理性肥胖，是由各种疾病引起的；另一类为单纯性肥胖，是由营养失调和运动量过少而引起的。青少年多为单纯性肥胖，绝大多数是饮食习惯不良以及营养过剩所致。另一部分人的肥胖则与遗传因素有关。

肥胖对人体健康十分不利。青少年期肥胖是成人期发生高血压病、冠心病、糖尿病、高脂血症等疾病的潜在诱因，同时也给个人带来体态笨拙和行动不便等烦恼。

预防肥胖首先应注意合理进食。一般原则是早饭吃好、午饭吃饱、晚饭吃少。青少年要定时定量进食，不应偏食。吃饭时细嚼慢咽，不暴饮暴食。要少吃甜食、零食、油腻食品。应以高蛋白、低脂肪、富含维生素及矿物质的食物和新鲜蔬菜、水果为主。既要摄取足够的营养以保证身体需要，又要注意适当节制食量。

另外，还要积极参加体育锻炼，保持适度的活动量，消耗多余热能，以避免体内过剩的热量转变为脂肪积聚起来而形成肥胖。

目前，在青少年中，尤其是在少女中间，又出现了另一个极端的倾向，即为了体形苗条而采用不科学的饥饿办法，如不吃早点，或不吃有营养的肉蛋类食物。这都是不可取的，会影响身心的正常发育，导致内分泌紊乱、月经不调等；有的还造成厌食症或胃萎缩，严重威胁身心健康。

身边的事

14岁的萌萌觉得自己身体较胖，采取了节食减肥的措施，肉蛋一类的东西吃得很少，粮食不吃，只吃蔬菜水果。一段时间之后，她的头发枯黄，精神倦怠，脸色晦暗无光，而且，乳房停止发育，月经也不再来潮。她后来去看医生，被诊断为营养不良性发育迟缓。

专家提示

青春期属于身体发育的旺盛期，对蛋白质和脂肪等营养物质的需求不断增加，而有些女孩却为了减肥，刻意减少食量，这一增一减对身体的打击是双重的，比成年人这样做所受的损害更为严重。盲目节食容易引起神经性厌食症，造成更大的危害。营养缺乏引起的性发育不良第一个信号是月经紊乱或闭经，这是身体的一种应激性保护反应。

成长路上

小知识

　　动物实验结果显示,小动物长期处于饥饿状态,可出现垂体功能不全的症状。其中,促性腺素首先受到抑制,继而性腺功能减退或停滞,生殖器萎缩及生育功能降低。营养不良对人类的性周期也有同样影响。通过临床和实验室观察发现,长期营养缺乏、慢性消耗性疾病或肌体对营养物质的需要量相对增加而摄入不足的情况,都可导致内分泌系统的功能障碍而诱发闭经。女性闭经后,如果长期得不到恢复,会影响子宫、卵巢的正常发育,导致今后生育困难或不能生育。

变声期的保护

　　进入青春期后,青少年身体的各种组织与器官在结构、功能方面都会发生明显的变化,嗓音的变化即是其中之一。青春期到来,青少年男女的声带都会逐渐发生变化。男孩的声带的长度从幼童时的6～8毫米逐渐增长到20～24毫米,并且在增长的同时,相对变宽增厚;女孩的声带逐渐增长到15～18毫米,并且同时相对变窄。这些变化结果导致了青少年男女的声音与往常不一样了,稚气的童声变成了成熟悦耳的男声女声。男孩的发音频率低,声调变得粗而低沉；女孩的发音频率高，声调变得高而尖细。这样的变化时期称为变声期。当然，变声期后的男声和女声有着个体差异，不可能"千声一律"。

变声是暂时的生理过程，是每个青少年都要经历的。男孩一般从 13、14 岁开始变声，女孩一般从 12、13 岁开始，持续半年至一年的时间。变声过程结束后，嗓音就会稳定与正常。相比而言，男孩嗓音的变化要比女孩明显一些。

 专家建议

用嗓的时间不宜过长 在变声期，每次讲话或唱歌的时间不宜过长，尤其是不宜唱高音和强音，在唱歌和长时间讲话后，不要马上喝冷水或吃冷饮，避免过度刺激喉部留下后遗症，应经常喝温开水。

注意保护颈部 避免着凉，还要注意预防感冒等上呼吸道疾病。因颈部受凉感冒而造成咽部感染，或由细菌、病毒损伤咽部、声带，都可能使声音嘶哑。

经常锻炼身体 青少年学习任务较重，如果不注意身体健康，体质变弱，就会使抵抗力下降，容易引起感冒、急性扁桃体炎、喉炎等，也会影响喉部的正常发育。

注意饮食 在饮食方面要尽量少吃辛辣和油腻的食物，如胡椒、辣椒、大蒜及油炸食品等，更要避免吸烟、喝酒，防止刺激声带，出现声带充血现象。

注意防灰尘和烟熏 灰尘及有害气体可使咽部防御功能下降，刺激声带，出现充血、红肿，致使声音嘶哑。

成长路上

四、青春期心理保健

最近，我对一些很小的事也会反应敏感，容易焦虑和厌烦，有时还会无缘无故地发脾气。据说，我现在已经到了青春期。难道在青春期的人连性格也会变吗？

进入青春期的少男少女不仅需要面对生理上的突变，性征的发育，还要面对由此带来的心理变化。正确认识和对待青春发育期的心理反应，保持健康向上的积极心态，正确处理各种心理矛盾，确保心理健康，安全度过青春期，对正处在青春期的中学生来说是十分重要的。

青春期心理健康是指在青春发育期保持积极的情绪，愉悦的心情，敏锐的智力，与周围环境相适宜的行为表现和心理状态。

>
>
> 心理健康有广义和狭义之分。
>
> 狭义的心理健康是指不具有某种心理障碍或病态心理;广义的心理健康是指一个人具有良好的心理品质和健全的人格,即心理发展比较完善,有健全的个性,能适应客观环境,使个人心理倾向和行为与社会要求之间有着和谐一致的关系。对广大青少年来说,广义的心理健康更为重要。

青少年心理保健需要注意以下几个方面。

建立良好的人际关系

青少年要以坦率真诚的心构筑人与人之间的友爱之桥。每个人生活在人群中,都渴望被人接纳、理解、关怀和爱,但这种关系是相互的。给予别人关怀和爱是获得爱的前提。人与人的沟通是给予和获得友情、亲情、爱情的渠道。成功的沟通是以了解自我、了解别人、尊重别人为基础的。青少年要加强沟通技巧和能力的训练。

关怀别人,多为别人着想,体谅别人的困难,谦虚忍让,是保持友谊的关键。

 成长路上

对家人、长辈和教师要尊敬和坦诚。青少年与家庭成员之间良好的沟通,有助于培养青少年积极自信的人格。在和谐的家庭中,青少年遇到挫折或压力时会向家人求助,否则他们会感到孤立无援。家庭心理氛围对儿童和青少年人格发展有深远意义。

保持健康的心理状态

心理健康是指一个人在生活中能保持愉快的心情、敏锐的智力、积极的情绪,具有适应周围环境的能力。

● 积极求知,开发智力

青春期是学习的黄金时期,要激发自己的学习兴趣。青春期是智力发展的高峰期,是创造力发展的最佳时期。青少年保守思想最少,最易接受新思想、新事物,有强烈的求知欲、好奇心和进取心,勇于探索和实践。要使学习成为一种乐趣而不是负担,才能自觉去完成学习任务。

● 培养健全人格

青少年有了一定的人格基础,但仍有可塑性,还不到"江山易改,本性难移"的程度。此时的人格培养既有可能矫正儿童期形成的某些性格缺陷,又可能把自己塑造成"理想类型"的全面发展人才。青少年必须在父母、教师的帮助和自身的努力下,避免人格缺陷,如自私、自卑、任性、多疑、虚荣、嫉妒、怯懦、暴虐等。

● 适应环境

青少年生活在自然和社会中。自然环境千变万化,社会关系也错综复杂,要想一生中都"万事如意""一帆风顺"是不可能的。当环境不顺利时,青少年必须自我克制,面对现实,在挫折、失败面前也要努力保持积极乐观的态度。其实,克服困难、冲出逆境的过程,就是锻炼意志力、磨炼人格的过程。在这一过程中,人生目标和知识都是重要的。

小贴士

对青少年心理健康的衡量并无完全一致的标准，但目前心理学界广泛认同的有以下几点：

能保持开朗的心境 心理健康的青少年能自我排除心理困扰，甩掉精神包袱，持续、稳定地保持愉快、满意和自信的心境。

能保持正确的自我认识 心理健康的青少年具有自我反省的自觉性，能正确地评价自己，准确认识事物，坦然面对现实。

能保持和谐的人际关系 心理健康的青少年能用尊敬、信任、友爱、宽容、谅解等积极的态度与人相处。

能保持与社会协调一致 心理健康的青少年对周围社会能密切接触、正确认识、良好适应。能凭理智办事，能吸收一切合理意见，能够对自己的行为负责，不掩饰缺点、错误，不诿过于人。

一般来说,少男少女由于性生理的成熟而出现某些特殊的心理反应。例如,对毫无准备的少女少男来说,可能因月经初潮和首次遗精而产生惶惑不安、羞耻之感、心情烦躁等。又如,当发现自己的身体出现了变化而异性同学的身体又出现另一类变化时,产生神秘感和好奇心;又由于这种变化一时未能得到正确的解释,于是产生紧张、焦虑等心理。再如,少男少女体内的性激素分泌程度不由自主地增高,使内心产生性欲望或性冲动,因而对自己与异性的接触变得十分敏感等。还有,影视媒体中不断地出现成年男女的亲昵镜头,如拥抱、接吻或种种爱情故事,给少男少女也带来刺激,使其产生困惑和矛盾的心理。少男少女渴望友情,向往爱情,想与异性接触但又有顾虑。如此种种都是十分自然和正常的青春期心理反应。如何正确地解释、理智地应对这些心理反应,是需要科学知识和意志力量的。

现在,我们就来看看少男少女的青春期心理有哪些表现,使同学们能正确地解读自己的青春密码,及时疏导有碍健康成长的不良"心结"。

一、青春期性心理发育

谈到性,你会想起什么呢?有人也许立即想到性器官、性欲望等。其实,"性"的含义是丰富而广泛的,它既有生理层面,又有社会、文化和精神内容:性思维、性想象、性价值观、性道德、性审美、性别角色等。这里,我们专门来谈谈青春期的性成长。

一般来说,性心理有以下三个发展阶段:

性意识萌动

少男少女随着身体的发育,慢慢意识到自己是"女人"或"男子汉"。性激素使你性欲萌动,对异性产生好奇心和神秘感,很想知晓"性"的奥秘。

但"异性疏远期"的羞涩和尴尬往往使男孩、女孩难以面对面去接触。于是,有的同学便喜欢去买些异性"明星"的照片贴在自己卧室里,或放在书桌的玻璃板下,随时欣

 成长路上

赏、陶醉,得知哪里有歌星演唱会,会千方百计弄张票去听。"追星"现象发生在青春早期,根本不足为奇。还有"白日梦"、性幻想、单相思等,都属于初入花季的少男少女性成长的自然心理反应,不必为此烦恼和忧虑。其实,每个成年人也都是曾经从此情此景中走过来的。

少男少女需要懂得这是"长大"的必经之路。这时你可以多读些有趣的文艺作品,多参加集体的文娱活动,以丰富内心世界,放松容易紧张和疲劳的神经。还要多与爸爸妈妈聊天,把自己的困惑和疑问告诉他们,以求得关心与指导。

性好奇心理

随着性生理的成熟,青少年的性意识开始萌发和觉醒,产生性好奇心理。其主要表现有三个方面:

● 对性知识表现出浓厚兴趣

男人和女人的身体为什么不一样？阴茎为什么会勃起？手淫有害吗？为什么会做性梦？……处在青春期的同学们对性知识表现出浓厚兴趣，渴望从父母或老师那里得到科学而正确的答案，解除由"性"引起的迷惘和困惑。

● 喜欢接近异性

歌德说："哪个少年不钟情，哪个少女不怀春？"在性激素作用下，青少年这种向往或爱慕异性的心理是合情合理的。但由于青少年的性心理远远不如性生理成熟得快，很容易产生迷茫。青春期少男少女的交往多半是性心理合理的满足，是神秘感和好奇心的释放，是向往异性的潜意识流露，是对个人魅力和异性反应的试探，是进入异性世界的初步体验，与真正意义上的恋爱相去甚远。

● 具有性欲望和性冲动

只要青少年的生理发育正常，到了青春期定会对性感兴趣，包括爱看言情小说，做有性内容的梦，出现性的幻想和憧憬，性欲强烈时还会有自慰行为，这都是正常的。同学们既不能把性欲望和性冲动看作心理不健康或低级下流，也不能让欲望支配自己的言行，任意突破道德规范甚至法律界限。这就需要学习性知识，训练自我控制的能力，自尊自重，做个健康文明、积极向上的青少年。

性心理成熟

性心理成熟的标志是具备了正确的性道德观念,能够理性地控制由性生理本能导致的性欲望和性冲动,使之不造成对他人的骚扰和对社会公德的破坏。

同学们应当知道,性欲虽是一种本能反应,但人的性本能与动物的性本能是有根本区别的。人的性本能在上万年的人类文明进化过程中被社会化、审美化、意志化了,因此,人的性欲实现有着高度的选择性、可控性,要符合社会道德规范和文明认定。青少年的性心理成熟应当遵循这样的规律。可以说,人的性心理成熟过程是与人格成长的过程相一致的。

二、少男少女的交往

对异性的态度

一般来说,步入青春期的青少年对异性的态度要经历三个阶段的变化:

1. 异性疏远期

王林发现,原来手拉手、头碰头的小伙伴,不知什么时候变成了"两大阵营",彼此之间出现了距离。下课后,女孩一群叽叽喳喳,男孩一堆嬉戏打闹,构成教室里两种截然不同的风景;偶尔在街上碰见异性同学,也只是把头一低,算是不打招呼的招呼。住在王林隔壁的女生刘丽以前常和王林在一起玩,现在却不理他了。王林很纳闷:这是怎么回事?

当少男少女发现了自己与异性在身体外表上有了差别,可能感到羞涩和不安,在异性面前会显得拘束和尴尬。女孩

怕男孩观察到自己的乳房发育了，而且特别怕男孩知道自己来月经；男孩怕女孩发现自己脸上长胡须，更怕让女生看到腋毛。

于是男孩、女孩彼此疏远，课间活动保持界限，男孩扎一堆，女孩围一群。即使是儿童时代很要好的异性朋友，此时也有所回避。有的人在家庭中还不由自主地疏远异性长辈，女孩生怕父亲知道自己来月经了，男孩也生怕母亲发现自己遗精的秘密。这种青春初期疏远异性的背后，潜藏着对两性差异的神秘感和故作掩饰的心理。

2．异性吸引期

> 苹苹：现在我读初中了，男、女生混合打球、跳绳是常事。学习上出现了问题，多半喜欢向异性同学请教。出外旅游野餐准是自然的男女搭配。男生处处表现出"护花使者"的风度，女生则总是寻找机会表现自己的温柔贤惠。运动会上，拿名次的男生，除了收获女生的祝贺、崇拜的目光之外，还有笑盈盈递过来的毛巾、饮料。同学们都有一个共同的感受，男、女生共同参加的活动格外有趣。这已经超越异性疏远期了吧？

解读青春密码

第一个时期过后就是异性吸引期了。这个时期少男少女会对异性产生好感与爱慕。女孩12～13岁、男孩13～14岁以后,两性的外表差异凸显出来,正是这种差别产生了吸引力,"同性相斥,异性相吸",这就是所谓"磁场效应"。

这时,少男少女喜欢表现自己,吸引异性的目光。男孩乐于在女孩面前显示自己的能力和才华,以赢得女孩的好感和赞许;女孩开始注意修饰打扮,以引来男孩的注意和欣赏。男女相互接近的渴望使青少年乐于参加与异性在一起进行的集体活动,喜欢结伴外出郊游、娱乐或参加体育锻炼等,并对异性表示关心、体贴,乐于帮助异性同学以博得异性的好感,但这种接触交往多半不具专一性、排他性和持久性。

这段时期,青少年要多在集体中与异性同学广泛交往,而不要过早地陷入与某位异性同学的单独特殊亲密关系中,以免"作茧自缚",孤立自己,失去在集体交往中获益的机会。

岁月流逝,当年的顽皮蛋和黄毛丫头逐渐出落成小伙子和大姑娘。这时,他们开始有了自己心目中的"白马王子"和"白雪公主"。他们的目光会悄悄地、不由

自主地转向心目中的"偶像",总在寻找机会和"偶像"近距离接触。即使不敢单独约会,也敢请"偶像"光临自己的生日宴会,或积极参加有"偶像"在场的活动,以求共同呼吸那一处的新鲜空气。

你看,小屋四壁挂满了歌星、演员照片,"追星族"以特有的方式编织着自己的梦。不知什么时候,你会突然收到一张小纸条,心跳不已。那些迫不及待的男孩、女孩开始给自己的意中人写情书,表达那幼稚而纯洁的爱慕之意。这时候,校园里便出现了一对对"甜蜜蜜"的恋人,嬉笑打闹,好不开心。这一时期的少女又常常有莫名的哀愁:渴慕异性的另眼相看,却又担心上当受骗。这就是从异性吸引期过渡到了异性眷恋期。

3. 异性眷恋期

随着年龄的增长,少男少女的独立意识越来越强,与父母的关系倾向疏远。由于体内性激素水平越来越高,异性相吸的磁场效应也越来越强,每个人都可能交上一个或多个亲密的异性朋友,品尝异性间情感的甜蜜。此时的青少年应当加强责任心与自尊心,让理性与良知将欲

解读青春密码

望的缰绳牢牢握住。在交往中学习两性的相互尊重与平等，并增强自信心和自律能力。在此阶段，如果失去自我控制，欲望便会超越界限，其后果将令你永远遗憾。

温馨提示：

情窦初开的少男少女往往多情、怀春，这纯洁、真诚而又毫无造作。"异性相吸"好似一种磁场效应，再加上双方美好的想象，就成了某种浪漫的情怀。青春期的浪漫激情多半出自性动机，实属自然，但并不专一、长久，常常是"来得容易去得快"。少男少女若明白了这个道理，就不会沉溺于青春激情之中。你尽可品尝和回味，但又要保持清醒。切莫对这份早来的激情做永远的承诺，以免给自己和对方造成伤害。

交往的类型

青春期少男少女对异性之间的神秘感、好奇心和吸引、向往、眷恋等心理既不完全是出于个人的意愿，又不可能受他人左右。对青春期性心理的自然表达和健康安全的性心理满足是通过少男少女正当的异性间交往而实现的。尤其是作为独生子女、家庭中没有异性同胞的青少年，寻求家庭之外

的异性交往是完全正常的事情。这种交往有着许多积极的功能。

1. 愉悦身心，增进健康

少男少女的交往多数具有娱乐性。"开心""有趣儿"是处于青春期的孩子交往中的主要感受。由于异性之间有"磁场"作用，可获得异性磁场的滋养，异性参与的娱乐活动格外令人感兴趣，也更有益处。聊天、谈笑、遛马路、逛公园、唱歌、跳舞、玩游戏、外出烧烤、旅行，以及开个生日聚会等，都是少男少女在一起开心的好机会，以此愉悦身心，旷心怡神，达到排解压力、放松神经、消除孤独寂寞感等目的，从而增进健康，使精力旺盛。

这种交往多半是群体行为，无须躲藏，不必掩饰。在男女之间娱乐性的交往中获得性心理的自然满足而带来的快乐感是少男少女的正当需求和权利，也是健康成长不可缺少的要素。这就是为什么中小学生跳集体舞比做广播体操更有意义。

2. 促进个人社会化，完成"心理断乳"过程

"社会化"是指每个人从自然人到社会人，并不断丰富自己的社会经验和完善人格的过程。这一过程贯穿于人的一生。而青春期是个人社会化的关键时期。这一时期的异性交往有着不可取代的功能：

一是与同龄异性之间形成正常的阴阳和谐关系，避免停

留在"恋父""恋母"状态,这可称为"第二次断乳"或"心理断乳"过程。

二是在交往和比较之中深入了解异性,正确认识自己,学习两性之间的尊重与平等,为未来的择偶与婚姻家庭生活做准备。"男人来自火星,女人来自金星",男女同学相互了解、相互接纳的过程,就是成长与成熟的过程。一个人绝不能等到考试再读书,而是先读书,做练习,再考试。未来的恋爱、择偶、结婚是人生路上最难的考试,为什么不事先读书并做些练习呢?

3. 实施心理救护,预防心理疾病

青春期的少男少女,常有"成长的烦恼":乳房不够丰满,阴茎不够"标准",体形不太理想,胡须太多或太少,脸上长了青春痘,或是痛经,或是遗精了……如此种种都可

能使他们产生不良情结。还有人际关系的摩擦,考试的失误,学习的压力,老师的批评,父母的苛求,甚至父母关系不和等,都会给处于敏感期的少男少女带来异常的烦恼。

处于烦恼情绪中的少男少女好像掉进了一个深渊,多么想有人追来一根救命绳以搭救一把!此时,谁来担当救助者呢?当然,救助者最好是父母。然而,父母天天忙于自己的事,说不定自己也在烦恼之中。那么,老师该救助一下烦恼中的学生吧?但一个班主任要关照四五十个学生,还要兼上课,哪里有精力去仔细阅读每个学生每天的心情故事呢?

如果你有位最要好的异性同学,他(她)在你烦恼时来到你身边,用几句设身处地的话语安慰你。话语中带着磁力,最容易打开心扉,使你顿时感到云消雾散,雨过天晴。你感到只有他(她)理解你,读得懂你,你多么需要他(她)、感激他(她)、喜欢他(她)啊!你很快从痛苦深渊中解脱出来。

可是过了一阵子,那根"救命绳"就自然不那么有用了。或许,被救助者自己有了经验和力量,又会深有感触地走近另一个处在心理困境中的异性同伴呢。就这样,出于心理救助而交往的男孩女孩不可能也不需要保持天长地久的关系,就像病人康复之后不再去看医生一样。这难道不是少男少女的友情交往中最常见的情形吗?能够相互救助的少男少女多半不会从心理困境走向心理疾病,预防胜于治疗。

4. 优势互补,利于学习

其实,男女同学在一起切磋学习,商讨功课,效果最好。因为男、女生在学习上各有所短和所长,来自异性磁场的吸引力更使男女同学之间的互助、互比和相互激励成为学习上进的无形力量。看看班里那些学习上的佼佼者,他们大多是知识丰富又善于交往的学生,有谁是那种闭关自守、与异性同学老死不相往来的"孤家寡人"呢?学习成绩优秀的青少年多半性格开朗,包容性强,喜欢参加与异性相聚的群体活动,但不搞小圈子,许多异性和同性都喜欢他(她)。

成长路上

健康的两性交往对少男少女的成长有诸多的好处，只要把握好两性交往的分寸，防止"过"与"不及"。

成长启示录 3

10年前，刘斌还是一个13岁的少年，在一所重点中学念初二，是品学兼优的学生。父亲是一家股份公司的总经理，整天为事业奔波；母亲是一位护士，经常上夜班。刘斌从小就有一种孤独感，父母总是喜欢把他关在家里做作业，用电话监控他的行动。自从进入初中，他就开始对父母的管教进行反抗，经常一个人出去散步、购物，并迷上了放风筝。

一个深秋的傍晚，刘斌来到小区广场放风筝。这是他自己动手制作的蝴蝶状风筝，色彩鲜艳，形象逼真。刚搬进小区来的美国留学生琼斯小姐远远地从公寓的阳台上看到了刘斌和他的风筝，便跑到广场来："先生！先生！"她用生硬的汉语喊着刘斌，而刘斌并不知道是喊自己，因为"先生"是称呼成年男子的。"先生，你的风筝太美了，可以给我放一会儿吗？"

解读青春密码

这时,琼斯已走到刘斌面前。刘斌断定是称呼自己的,他异常兴奋:这位金发碧眼的女留学生竟然尊称他"先生",他将风筝线给了琼斯。

后来,刘斌成了琼斯的好朋友,琼斯邀请刘斌到她的公寓去做客、教她和女同伴玛莉制作风筝,他们还一道骑着自行车到郊外去放风筝。两位女留学生向他提各种问题,比如学校里的老师怎样上课,同学们怎样相处,怎样游戏。她们甚至问刘斌有没有女朋友,刘斌直摇头。刘斌告诉她们,有一位初三的女生经常塞给他纸条,他正为这件事犯愁呢!琼斯问刘斌:"你喜欢她吗?"刘斌摇摇头。"真的不喜欢?"琼斯接着追问,刘斌仍然摇摇头。琼斯建议说:"那你可以婉言谢绝,不要伤害人家,更不要把纸条给同学和老师看,一个男子汉应当有风度嘛!"刘斌会意地笑了。琼斯和玛莉也将美国的风土人情介绍给刘斌,送给刘斌一本画册,还教刘斌识五线谱、弹钢琴、说英语。当然,两位女留学生

成长路上

也通过与刘斌的交往,使汉语会话水平大大提高了。

刘斌有了两位异国他乡的朋友后,眼前展现出了一个崭新的世界。这两位外国女孩成了他无话不谈的朋友,他常将心中的烦恼和欢乐尽情地向她们倾诉。

现在,刘斌正在加拿大攻读硕士学位,他时常怀念那两位美国朋友,正是她们的友谊帮助他顺利地度过了孤独、迷惘的青春期。

专家评语

男女同学交往的好处很多

● **益智**

男生、女生智力类型有差异,他们经常在一起相互学习、相互影响,可以取长补短,提高彼此的智力活动水平和学习效率。

● **丰富情感**

人际交往关系是敏感而微妙的,在与异性交往中获得的情感交流和感受,往往是在同性朋友身上得不到的。女生的情感比较细腻温和,富于同情心,富有使人宁静的力量。这样,男生的苦恼、挫折感可以在女生平和的心绪与同情的目光中得到缓解;而男生情感外露、粗犷、热烈而有力,可以消除女生的胆怯与疑惑。

● **完善个性**

只在同性范围内交往的人心理容易狭隘,而多方面的人际交往可以使差异较大的个性相互影响,达成互补,使情感体验更为丰富,性格更开朗,意志也更为坚强。保加利亚的一位心理学家说过:男人真正的力量是带一点女性温柔色彩的刚毅。

人们都有这样的体验:有异性参加的活动,较之只有同性参加的活动,更易使人感到愉快,玩得更起劲,活动的气氛也更和谐、活跃。这就是心理学上的"异性效应"。当有异性参加活动时,异性间心理接近的需要就得到了满足,于是,彼此间就获得了不同程度的愉悦感,激发起内在的积极性和创造力。

友情与爱情

> 什么是爱情?友情能变成爱情吗?男、女生之间的"早恋"是爱情吗?

前面已谈到大多数男女同学交往的性质和功能。少男少女在其中任何一种性质的交往中,都可能建立起纯真的青春友情。这种友情是坦然的、开放的、不排他的、不保密的,

无需太多的责任,更无需天长地久的誓言。这种异性友情又是不断变换、不求结果的。

有的同学会问:"友情和爱情有界限吗?友情如果变成了爱情又怎样?"的确,直到今天,世界上有哪位哲人学者准确地说出了友情和爱情的界限?其实异性之间的友情和爱情都是美好的情感体验,它们都会给人带来追求进步和完美的动力。当然,爱情与友情相比,是更成熟、更复杂的感情了,它有专一性和排他性。也就是说,一个人很难同时与两个人建立爱情关系。

> 爱情是伟大神圣的,它需要成熟的力量,需要巨大的"投资",处于青春期的我们还很难承担起真正爱情的分量。

有几位先人研究过古今中外那些值得称颂的爱情故事,总结了爱情的基本内涵与特征:

爱情是对所爱者的生命及其成长的始终关怀;爱情使自己努力去达到双方人格完善的长远目标;爱不只是一种感觉,也不只是一种需要,不是弱者对强者的依赖,更不是私欲的

解读青春密码

满足或个人利益的追求,真正的爱情应具备无私、关怀、信赖、尊重、接纳、恒久等特征;爱情是心甘情愿的等待,爱情是深沉的善意,爱情不容骄傲和粗鲁,爱情拒绝嫉妒和猜疑;爱情是鼓励与希望,爱情是真诚和谦虚,爱情是牺牲与奉献,爱情是忘记受伤的回忆……这样的爱情难道不值得赞许吗?谁有理由反对?

可是,刚刚步入青春期的少男少女能否真正懂得爱情的这些丰富内涵,并有能力将它们付诸实践呢?须知,实践爱情的承诺需要成熟的智慧、丰富的知识、强烈的责任感、坚定的承诺、足够的耐心和坚强的意志力。这一切不正是少男少女们在人生的春天尚需进行学习和训练的心理品质吗?

"我是不是喜欢上她了?"这几天,小强脑海里总是浮现出她的影子,尤其是在睡觉前,老想着她微笑的面容,长发飘飘的背影。白天上学时,总想亲近她,但是看到她又很不好意思。小强整个人都有一些恍惚了。他想:"难道这就是爱情吗?"

成长路上

专家建议

不要担心，这只是青春期少年对异性的好奇与多情，很多人都会有同样的体验。这当然还称不上爱情。想一想，你了解她吗？你喜欢她什么呢？如果是迷人的外表，那么另一个女生的外表也许更加迷人；如果是你一时的冲动，那么冲动过去之后呢？如果你真心想了解她，多结交一个异性朋友，那么不妨坦然地走近她，文明、礼貌地对待她，与她交流，相互学习，看看她将做何反应。

初恋是什么？为什么初恋情结令人刻骨铭心？

少男少女多半不能解释自己第一次喜欢上一位异性究竟属于什么感情。有的人模仿着电视屏幕上的语言和流行歌曲中的词句，脱口而出"我爱你"。此时所说的爱其实是没有多少分量和内容的。第一次说出"我爱你"三个字时，内心是那样激动，情感那样纯真，因为这毕竟是第一次经历异性之间的心理共鸣啊！这"第一次"也许是送张情人卡，或一封摘抄来的抒情诗；也许是一个会意的眼神，也许是一句热情的话语，当然，还可能是一次拥抱、一次热吻。尽管这"第一次"来得含糊而匆忙，来得神秘而新奇，但少男少女们总是欣喜若狂地将这"第一次"尽收心底，称之为"初恋"。

解读青春密码

> 少男少女这种友情式的"初恋"像春雪一般柔和,像蓝天白云一般美丽,它使成长中的身体感到舒展,它使干渴的心田得到滋润。然而,"初恋"的情结也像春雪与白云般的脆弱和短暂,没有结果,没有永恒,但它却令人回味无穷,刻骨铭心。多少流传千古的名篇巨著不都在歌颂那些没有结果的"初恋"激情吗?

心理学家契可尼曾做过一个有趣的实验,发现人的记忆力有奇特的选择性,它最善于记录下人生中未完成或突然中断了的事件,而对善始善终的事情却懒得记忆。例如,考你100道数学题,99题你都完成了,只有一题未做出结果。以后,你对那99题很快淡忘了,而那没有结果的一题,却让你记忆犹新。这就叫作"契可尼效应",是一种普遍的心理规律。

青春期的"我爱你"多半是那种没有结果的尝试,但你可能对它记忆深刻,为它而陶醉。

成长路上

成长启示录 ❹

高三那年,我和一个男生走得很近。我们一同上学,一同回家,周末相约自习、逛电脑城,跑很远的路去买参考书。也许是高考压力下的孤独使我们彼此产生信赖,觉得有一个人陪伴才有勇气走下去。每一次模拟考后我们就去爬山,在凌厉的疾风中谈论着遥不可及的未来和理想,在空荡荡的山谷间,声音回响然后消失。我们不觉得这样有何不当,因为我们只是亲密地并肩作战,谁也不会对谁许诺什么"秋后的果实"。我们尚未耕耘呢。

然而,班里的谣言是难免的,说我们恋爱也好,说我们思想开放也好,同学们都酸溜溜地看着我们俩,还有人心存恶意。更糟糕的是,老师瞄准我们了,很快开了家长会。我原先以为我是那种可以让老师放心的"好学生",她了解我对事情把握的分寸;何况在高考"大战"即将爆发的紧张状态下,她不会在父母那里给我压力。然而,那天家长会,我母亲还是被单独留下来了。我远远地看见她和班主任在走廊上"密谈",神情严肃,我的心变得紧张起来。

我知道误会已经发生了,而我对此又是百口莫辩、束手无策。一种深深的无助和迷惘在我的周身蔓延,我仿佛陷入泥沼,想要拼命挣扎却只是越陷越深。我再一次感到背叛。我是一个需要被人信赖、被人肯定

解读青春密码

的孩子，如果失去这种支持，我会软弱不堪。

母亲回到家时，我锁上了房门，独自对着书桌发愣。看着窗外万家灯火，突然想从这个世界消失，和任何人都没有关系，甚至母亲。那种可怕的逃避的念头仿佛一道墙，遮挡住我受伤的心，让我只能在一条狭窄的缝隙中暂且偷生。

睡觉前的洗漱，我小心翼翼地避着母亲。可是母亲还是在我要进房间的那一刻叫住了我："青！"我回过头，冷冷地看着她，尽量使自己不露一点声色，而且装着很疲惫。母亲直直地看着我，竟然说不出话来，这是我第一次看到母亲的窘迫。"今天你们的班主任，她跟我们家长讲了一些……一些你们这个关键阶段要注意的事情……"母亲不连贯地表述着，艰难而费力，"她好像说，现在你们年级中有男女同学走得太近的情况，影响不太好……你，我想知道你有没有？……"我别过头，不看她，说："怎么可能，我学习都来不及。谁有心思去想那个？"母亲仿佛舒了一口气，说："那就好，早点儿睡吧，我还一直担心来着。"她上前安顿我上床，帮我掖好被子，关上灯。

我在黑漆漆的房间独自躺着，脑子里依然很乱。母亲似乎并不知道我真实的情况，否则就没有必要问我。那么，就是班主任没有告诉她？我心情平静了许多，觉得一切又变得有希望起来，闭上眼睛沉沉睡去。

成长路上

几天后,一个周末的下午,母亲在我身旁织着毛衣,在不经意间突然跟我说:"你说好气不好气,我居然听人说看到你和一个男生在逛街。我想他们一定是看花眼了,你学习这么紧张,哪来的时间?"母亲说的时候眼睛盯住我,一动不动,我知道她在等我的一个回答。我镇定地握住手中的笔,好让手不至于颤抖。

"是吗?怎么会?我没有啊,什么男生?"我做出一副沉思的样子,突然想到什么似的说:"噢,说不定是那次跟表弟去肯德基。你知道表弟现在人高马大,站在我身边完全可以充当我的男朋友了。他上次还说要冒充我的男朋友呢……"我滔滔不绝地讲着,可是发现这个谎话编得实在糟糕,自己心里都发虚了。

"原来是这样,很可能的。"我知道母亲一眼就看穿了我这个"玻璃"质的谎言,可是她仍然点着头表示相信。我感激地看着她,我明白她是在告诉我,其实班主任已经向她说明了一切,但是她不打算追究这件事,因为她信任我,不想给我难堪,要我明白她对此不赞成,但却可以理解。

我们两人心照不宣地把这个秘密保留着,永远不会揭发出来,但永远都彼此了解心意。我知道了母亲的保护除了看日记、探知男同学以外还有另一种形式:缄口不言,给你绝对的信任。我那脆弱的自尊心和隐私感在那一刻得到升华,我绝对不辜负母亲无条件的信赖。

后来,上大学了,我和那个男生分开,到了两个不同的城市。我们开始还偶尔写写信,后来就懒得再动笔了。似乎那个时期一过,对彼此的需要便消失,又各自回到自己的世界。但我还是感激那个男生在"非常时期"陪我走过了一段不寻常的路。我更加感激母亲那时的含蓄和淡然。如果她把事情渲染得很严重,那么我必然也会相应地加深对这个男孩的依赖,说不定还会盲目地把这种感情当作爱情或者什么的,进而大义凛然地为了"爱"而做出一些后果不堪设想的举动呢。我知道,以我在青春期叛逆的性格,我是有可能在那种情况下被毁灭的。所以,母亲那双清澈的眼睛里沉淀下许许多多的秘密,最令我感动的就是那件几乎影响我整个人生的事。

成长路上

三、走出青春的迷茫

同伴交往的困惑

朋友们都讨厌我

午饭后,我趴在桌子上专心致志地看书。坐在我后面的田甜和周围的几个同学在聊天。过了一会儿,我听到他们说:

"她中午还学习?""学习好的人就是不一样。"

分明就是在说我,但是我只是看书,一句话也不说。

这时,一个同学说:"她不是聋子吧?怎么一句话也没说。"同学们全都笑了,我一下子觉得自己的脸在发烧。

最近一段时间,同学们总是欺负我,不光是在我学习的时候。我穿裙子上学,他们就说:"哎哟,公主来了!"这时,如果我低下头,他们就说:"她就会学习,像个傻子似的。"上次我发完言,回到座位上的时候,听到背后有人说:"别以为自己有什么了不起。"

同学们为什么都不喜欢我呢?

被孤立是一种很难堪的心理体验,尤其是对渴望社会交往的青少年来说。很多青少年离家出走、逃学,甚至轻生,都和被集体孤立有关。

针对这种情况,建议如下:

1. 反省一下自己

谁都不喜欢自以为了不起的人,总是在同学们面前炫耀自己成绩有多好,一开口就说自己是多好的人,谁会喜欢呢?眼里只有自己,不尊重别人意见的自私的人也是不受欢迎的,因为这样的人总是忽略别人的感受。不诚实,不懂礼貌的人,大家也不愿意和他做朋友。

如果你确实被同学孤立,那你就要好好想想自己是不是有这类的表现,或者有些自视清高,看不起不如自己学习好的同学?总之,要找出被孤立的真实原因。若是自己的缺点,应努力改正。若是被同学误解,也要主动与误解你的人交流、谈心,争取尽快消除误解。

2. 孤立别人不利己

对于"为什么孤立同学"这个问题,很多同学都回答说"开玩笑",还有人说是因为"觉得好玩,看到他难受,我觉得高兴",也有人说是"为了显示自己的力量",等等。

这样看来,孤立别人的人也挺无聊。别人不是用来开玩笑取乐子的工具,这种把别人当成玩具、把自己的快乐或利益建立在别人的痛苦之上的自私者,有谁会看得起呢?

成长路上

如果为了显示自己力量而孤立别人，那恰恰是无能的表现。想一想，别人被你孤立了，你的力量又表现在哪里？

还有的人是出于嫉妒而孤立别人，看到别人学习成绩好，人长得漂亮，或者听到别人受赞扬，自己心理就不平衡，于是就煽动其他同学来孤立佼佼者，以减轻自己内心的压力。这种人不是有心理障碍，便是品质恶劣，最终将使自己受到孤立。

3. 被孤立的时候应该怎么办

首先要想一想同学们为什么讨厌自己，看看自己有什么问题。可以直接问同学，他们孤立你的理由是什么；或者，写信给他们，把自己的真实感受告诉他们，以求得理解，也是个很好的办法。

如果别人只是为了戏弄你，毫无理由地孤立你，就应该明确地告诉他："够了，现在应该结束了！""你这样对人，我为你感到羞耻！"如果你一直默默忍受着的话，他会觉得你好欺负，可能会变本加厉。

如果别人是出于嫉妒而孤立你，那你就更不用烦恼，这恰恰凸显出你的优秀。但是你也要注意帮助周围的同学，让大家都进步，你也就不孤立了。

温馨提示：

这个世界上不可能每个人都喜欢你，所以，先和喜欢你的人交朋友吧，再用友情的力量去团结那些不喜欢你的人。

小贴士

如果不想被孤立，请听下面的忠告：

不要自高自大，要谦虚待人。

不说谎，要诚实。

不要在背后诋毁别人，说别人的坏话。

不要嘲笑或捉弄别人，伤害别人的自尊心。

不要把朋友的隐私随便告诉别人。

信守诺言。

衣着整洁干净。

不要因迟到而浪费别人宝贵的时间。

不无故缺席应参加的集体活动。

成长路上

代际交流与沟通

苹苹：我今天又和妈妈顶嘴了，觉得她特别烦，老是要我干这干那，还要上各种辅导班。她总是管着我，不喜欢我看上的新衣服，让我必须穿她替我买的那几件。

果果：我也有同感！我放学后就爱和皮皮他们一起踢足球，可是爸爸妈妈偏不许我和他们在一起玩，也不让我踢足球，整天就知道在我耳边唠叨"看书、做作业"，我耳朵都要磨出茧子了。怎么办啊？

进入青春期以后，少男少女的自我意识发展得很快。小时候完全依靠父母，现在自己却能独立做一些事了。这时，你就觉得自己长大了，似乎不用父母帮助，什么都行了。一旦父母再来帮助，你就觉得多余，感到心烦。

然而，你真的独立了吗？没有父母的财力支持，你能上学吗？没有父母为你营造的家，你有归宿吗？没有父母的指点，你不会迷失方向吗？没有父母的呵护，你安全吗？离开父母和家，你现在能做什么？当然，你毕竟不再是幼小的孩子，不能样样事情都由父母操办。但也正是因为你长大了，才更需要理智和耐心地与父母沟通和交流，而不是一味地反感甚至叛逆。

如果你实在觉得妈妈管得太多，你可以尝试这样对她讲:"妈妈，我已经长大了，您让我自己试试看。"这时候妈妈也会为你的成熟表态而欣喜。

因为爸爸妈妈习惯为你打理一切，所以让他们一夜之间把你看成大人，那也很难。你懂得"理解万岁"吗？请你多给辛勤的父母一份理解吧。

有些同学还以反对父母干涉为借口，一些本来该做的事情也不做。比如，妈妈问:"你最近怎么老是看电视啊，看看书吧！"他却说:"本来我是想要看书的，被您这么一说，又不想看了。"

青少年确实要成长，父母应当为你的成长留出空间。但是，你用什么事实来证明你的成长与自觉呢？只有当他们看到你生活、学习上的真正进步，才会放心地减少多余的干涉和包办。

成长路上

成长启示录 5

孩子，当你还很小很小的时候，我花了很多的时间，慢慢地教你用汤匙、用筷子吃东西；教你穿衣服、绑鞋带、系扣子；教你洗脸、梳头；教你擤鼻涕、擦屁股……这些和你在一起的点点滴滴，是多么令我怀念！所以，当我记不起事、接不上话时，请给我一些时间，等我一下，让我再想一想……极有可能最后连要说什么，我也一并忘记，请体谅我，让我继续沉醉在这些回忆中吧！孩子，你是否还记得，我们练习了好几百回才学会的第一首儿歌？你是否还记得，我每天都被你逼着绞尽脑汁回答"我是从哪里冒出来的"这个问题。所以，如果我重复一些老掉牙的故事，如果我情不自禁地哼出我孩提时代的儿歌，请不要厌烦我。现在，我经常忘了系扣子、绑鞋带，吃饭时经常弄脏衣服，梳头时手会不停地颤抖……不要催促我，不要发脾气，请对我多一点耐心，只要有你在眼前，我的心头就会有很多的温暖。我的孩子！如今，我的脚也站不稳、走不动了，所以，请你紧紧地握着我的手，陪着我，慢慢地向前走，就像当年我牵着你一样……

同学们，以上是一个孤苦老人写在敬老院的砖墙上的留言，不知道你读后有何感想？

成长路上

大自然有春夏秋冬,人生也有花季雨季。青春期当属人生的春天,正是花蕾绽放的季节。时机不可错过,青春不能复返。春天,要忙春天的事。

蜜蜂采花酿蜜辛苦忙碌,少男少女学习成长也很艰辛。但今天的耕耘是为了明天的收获,谁不期待秋天丰硕的果实呢?

我们将进一步讨论青春的责任和风险,让青少年朋友知道如何确保成长中的健康,如何承担青春的使命,安全度过这个春意盎然而又充满躁动的季节。

一、青春期的性成长

自慰

自慰是指在没有与异性性交的情况下所进行的满足性欲的方式。它常见于青春期的少男少女，有些未婚男女甚至已婚男女也有自慰行为。自慰一般有三种形式，即性幻想、性梦、手淫。

1. 性幻想

性幻想是以与性有关的遐想来满足性心理欲求的方法。

某些青少年对异性的兴趣很强烈，但又不可能或不愿意与异性接触，于是就想入非非。有的对在文艺作品或影视片段中青年男女的浪漫情节进行追忆与组合，加以回味和改编，虚构出自己与爱慕的异性交往的种种情景：约会、游玩、拥抱、接吻等。

青春期性幻想是少男少女性成熟过程中的

正常现象,也是一种自慰方式,它属于个人隐私。性幻想可在性冲动时提供一条宣泄的渠道。尤其是在当今各种性刺激增多的社会环境中,性幻想可为排解性压力打开一道安全闸门,对己有利,对他人无害。但是,过分沉溺于性幻想,也可能导致病态,那就需要治疗了。

2. 性梦

性梦是指在睡梦中与异性亲热或发生性关系,因而出现兴奋感,男孩有时会"梦遗"。性梦也是一种自慰现象。

女性在性梦中阴道壁肌肉发生节律性收缩,得到快感。性梦的发生率男多于女,男性多发生在青春中期,女性多发生于青春后期。

性梦的出现尽管不受意识支配,但它可起到排解性欲的作用,对他人无任何伤害。但是,对性梦处理不当也会带来出乎意料的不良后果。青少年要明白,有过性梦的,不必羞愧不安,更不必因"寻梦"不得而自哀自怜。性梦是性成熟的正常反应,要听其自然。性梦属于自己的隐私,不必向他人透露,以免伤害自己的自尊心或伤及"梦中情人"。

3. 手淫

手淫是指通过自我抚弄或刺激性器官而产生性兴奋的一种方式。这是一种使性欲得到满足的自慰行为。男女均可能有手淫行为。手淫既非病态,也不涉及道德问题。据统计,手淫最常发生在 10～15 岁的青少年中间。20 岁以后,随

着意志力的增强,手淫逐渐减少。

青少年对待手淫要有一个正确的态度。我国著名医学专家吴阶平教授说:"不以好奇去开始,不以发生而烦恼,已成为习惯要有克服的决心,克服之后就不再担心。"如果青少年能以平常心态去对待手淫,既不上瘾成癖,又不内疚懊悔,那就不会引起任何身心疾病。

 **温馨提示:**

性欲的产生是自然的,但解决性欲的方法却有安全的和危险的、健康的和不健康的、道德的和不道德的、合法的与非法的区别。

 **专家建议**

如何摆脱手淫的困扰

转移注意力 合理安排业余时间,使自己专注于其他活动,淡忘手淫。

学习性知识 科学认识人体,正确认识手淫成癖的害处,消除对性的神秘感。

远离色情媒介 集中注意力,排除杂念,坚持不接触各类不健康的出版物及影视片。

养成良好的睡眠习惯　最好等到睡意已浓，立即上床入睡。早晨起床前也是最易发生手淫的时间，所以也不要赖床。有尿勿憋，及时排泄，防止阴茎勃起。

1. 上床前，坚持 20 分钟到半个小时的强度锻炼，应达到疲劳为止，用温水洗脸洗脚，然后立即上床。

2. 上床后，应停止一切思考，闭上眼睛睡觉。

3. 万一不能入睡，也应控制自己，不去想与性有关的事情。

4. 如上述方法仍无效，可戴上耳机，打开收音机，收听自己不感兴趣的节目，当你的脑海中闪现出手淫的念头时，要以最大的意志力去克服。

5. 手淫已成习惯的人，应设法减少单独活动的时间，经常与别人在一起，尽可能减少或阻止实施手淫机会的出现。

性行为的表现

青春体貌已经发育到位的少男少女，相互之间的"磁场效应"日趋强烈，已不满足于性幻想和"白日梦"，而渴望面对面地与异性接触交往，去感受两性相处的新奇和愉悦。此时，学校组织的兴趣小组，男女共同参加的文体活动，在

家里举行的生日宴会,都是少男少女发泄"性情绪"的好机会。在光天化日之下、大庭广众之中表达"性情绪",释放性压力,既安全可靠,又高雅纯洁。

有的同学也许在群体性的两性交往中,发现了情投意合的"知己",开始了彼此的约会甚至亲昵关系,并把这种关系视为"恋爱"。前面已经谈到,友情也好,爱情也好,发生在青春期少男少女之间,既是美好和令人欣喜的,又是脆弱和难以持久的。明白了这些道理,就容易把握好交往中的分寸了。

有的同学也许还会问:我们之间已经有了拥抱、接吻的亲昵行为,难道还不能证明这是爱情吗?然而要知道,拥抱、接吻作为一种性情绪的表达方式,它可能与爱情有关,也可能与爱情相去甚远。拥抱、接吻属于"隐私"行为,不应在公开场所"展示"。个人行为不伤害公众情绪,这是起码的道德与自尊、自重的要求。

成长路上

温馨提示:
爱情是心与心的交流,无需身体的接触来证明。刚刚步入青春期,尚在学习异性交往的少男少女,把出于生理欲望的身体接触宣布为"爱情",是否显得过于天真和空洞呢?

性关系的发生

同学们也许从媒体的报道中知道,目前少女怀孕堕胎,青少年感染性病的个例日益增多。这说明了什么呢?这说明不成熟、不安全、不负责任的性关系确实毁掉了一些青少年的健康与前程。

那些未成年人的性接触当初不也是在"爱情"的名义下进行的吗?爱既然美好,既然催人奋进,既然能为所爱者的成长和完善做出贡献,那又为什么去殃害自己和对方的健康和前程呢?从这种"爱"的后果来看,只能证明当事者之间根本就没有爱情,只不过是欲望驱使罢了,充其量只是一种虚幻的爱,而不是真爱。

青少年出于生理上的欲望而发生性关系,父母反对,学校禁止,社会舆论不容,其根本原因还是为了维护少男少女本身的健康。

二、性欲的节制

有位男同学向专家询问说:"我几年前已开始了遗精,也尝试用手淫来解除性冲动;现在已有了女朋友,她只许拥抱、接吻,严拒我的性要求。这样忍下去,我会不会失去健康,甚至会缩短寿命?"

其实,男女性交只是人类性活动的一部分。性梦、性幻想、手淫都是释放性能量、减缓性压力的方法。许多处于青春性发育旺盛期的青少年,遵循自尊、自爱和自控的原则,采取了包括自慰、升华、转移等种种办法,安全地平息了性欲冲动。他们集中精力于学习求知,积极地与异性同学交往,愉快地融入集体生活,感到身心健康,精力充沛。

性欲的确是人的一种本能欲望,但这种欲望的满足与食欲、睡欲、排解大小便等本能是不同的。后者需要及时满足,否则便会生病甚至死亡。但性欲的满足则是可以推迟、延缓、转移甚至消解的。否则,怎样解释某些长久分居的夫妻还能做到性的专一和忠实呢?又怎能解释自幼出家的和尚、尼姑终身未能通过男女性交满足性欲却还能健康长寿呢?古今中外,找不到任何证据表明,一个人在某年龄段或多长时间内因不能发生性器官之间的性满足而生病和死亡

 成长路上

了。相反,纵欲和冒险的性行为摧残健康与生命的例子在现实生活中却不胜枚举。

总之,在性行为上做何选择,少男少女需遵循科学的指导和顾及青春期的人生使命而作出明智的决定。

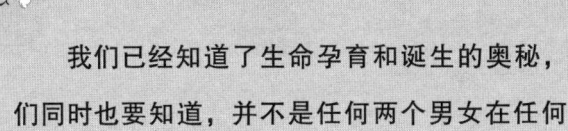

三、维护性健康

我们已经知道了生命孕育和诞生的奥秘，但我们同时也要知道，并不是任何两个男女在任何情况下都应该或被允许去创造生命的。

首先，孕育生命的双方应当是已婚的男女。未结婚的男女虽然在生理上具备了受精的条件，但他们尚未能担负起养育生命的责任，也不能给孩子提供其发育和成长所需要的稳定环境和基本保障，因此就不宜承担孕育生命的任务。

其次，即使是已婚夫妻，如果一方或双方患有某种遗传性的或其他可能祸及胎儿的疾病，也是不可随意去创造生命的。

当然，也有些健康的夫妻，不愿意生孩子或者养育孩子有困难，因而自愿放弃孕育生命的机会，也是法律允许的。

对于身体还未完全发育成熟的青少年来说，最好的办法是避免性行为，无论什么避孕的方式对未成年人来说都不是万无一失的。

正如一位美国医生对青少年的忠告："安全套安抚不了受伤的心灵。"这就是为什么在有过半个世纪"性自由"的美国，许多人也在怀疑"安全套"的

"安全"性。在那里，洁身自爱，受到越来越多青少年的赞同。尤其是在艾滋病肆虐的今天，与艾滋病绝缘的最佳选择之一便是洁身自爱。

我们要谨记自己的学习与成长任务，承担起青春使命！

人工流产有损少女健康

青春期的少女的生殖器官尚在生长发育。如果面临人工流产手术，则会思想压力大，精神格外紧张，对疼痛特别敏感，所以手术时容易出现心动过缓、心律失常、血压下降、面色苍白、出汗、头晕、胸闷等症状，这就是"人工流产综合征"。并且，由于少女的子宫颈口非常紧，特别是第一次怀孕做人工流产手术时，医生扩开子宫颈口的难度要大些，加上手术一般都是在无法直视的情况下操作的，所以可能造成子宫穿孔、出血、感染、宫腔粘连、宫颈破裂等损伤，这些情况都会导致以后的不孕。

今天的少女是明天的母亲,她们终将结婚生子。然而,如今,有的少女接二连三地去做人工流产,以致伤痕累累的子宫无法孕育健康的胎儿,这就祸及了下一代的生命。"贞洁是母亲送给孩子的最珍贵的礼物",愿所有少女都能洁身自爱,愿每个少男都懂得珍惜感情,负起责任,珍惜自己喜欢的少女——未来的母亲。

专家提示

过早发生性关系的危害

过早发生性关系对少男少女尤其是少女的成长极为不利。

影响学习 中学阶段是少男少女学习科学知识、培养生活技能的重要时期,应当把主要的精力放在学习上;如果这时候去谈恋爱,去追求性刺激,必然会影响学习,错过青春年华,今后感到知识不足时,将悔之晚矣。

对少女造成危害 医学界将女孩的青春期定位在10～19岁,这也就意味着一般情况下,女孩19岁以后身体上的各组织器官才发育成熟,趋向功能健全。青春期女孩由于全身各系统都处于生长发育阶段,尤其是生殖器官尚未发育成熟,过早地发生性关系容易造成生殖器官的损伤,影响婚后正常性生活。

留下心理阴影 少男少女发生性关系,往往是在男方压抑不住性冲动和女方处在害羞、紧张、恐惧的状态下进行的,彼此都有一定的负罪感,加上双方都缺乏性卫生常识,这样的性行为常常造成严重的心理负担和情感阴影。尤其对女生来说,由于身体上的损伤和痛苦,可能会引起长期,甚至一辈子对性生活的厌恶。另外,少男少女的情感具有不稳定性,有了性关系之后两人再分手,往往会给双方带来更多的心理困扰。有的甚至因爱生恨,采取损毁自己或对方生命的极端手段。

面临怀孕的危险 由于性知识的缺乏,少男少女往往在激情冲动之中,在来不及采取保护措施的情况下发生性关系,怀孕的风险很大。一旦造成怀孕,双方都难以承担后果。男生可能会选择逃避责任,而女生不得不承受更多的痛苦。她担心被同学、父母发觉,精神上承受相当大的压力。同时,她可能暗中服药私下堕胎,或者偷偷摸摸去找非正规的行医者做人工流产,危害极大。

懂得自尊、自重、自爱的少男少女,应当守身如玉,对来自对方的性要求坚决说"**不**"。

GOUZHU

Qingchunfangxian

构筑青春防线

 成长路上

青春需要细心呵护，柔弱的幼苗容易遭受风霜的袭击，青少年应当为自己构筑青春的防线，保卫自己的健康与生命！

一、防范性侵害，保护人身安全

性侵害的类型

青春期的少女尤其要注意防范性侵害。性侵害主要有性骚扰和强奸两种行为：

1. 性骚扰

莎莎有个表哥，星期天趁莎莎独自在家的机会来串门儿。他陪莎莎坐在沙发上看了一会儿电视，就开始动手动脚，还对莎莎说些下流话。莎莎吓得跑回自己房间把门关起来。一会儿爸爸妈妈回来了，莎莎不敢告诉他们刚才发生的事儿，但心里一直害怕再见到表哥。

其实,莎莎遇到的事儿就是"性骚扰",它是一种侵犯行为,会损伤莎莎的心理健康。

性骚扰是指通过不受欢迎或不被接受的方式,引起别人对性的注意,或进行带有性含义的接触。它可以是对身体的侵犯,也可以是语言上的挑逗;它可能是男人对女人的,也可能是女人对男人的,甚至还可能是同性之间的。

2. 强奸

强奸就是用引诱、威胁、暴力等手段,在对方拒绝和反抗的情况下强行发生性关系(即强迫对方与其进行性器官的接触)。强奸是一种严重性侵害行为,它会伤害受侵犯者的身体与心理,并且是触犯法律的行为。

3. 男孩也会遭遇"性侵害"

最容易受性侵害的是青少年,其中以少女居多,但男孩也不能完全幸免。对男孩实施性侵害的,既有成年女性,也有成年男性,包括心理变态者。

怎样预防性侵害

性侵害是对未成年人的严重伤害,被侵害者应当机智地与侵害者作斗争,保护自己的人身安全。

提高警惕。实施性侵害的既可能是陌生的坏人，还可能是亲属、朋友甚至老师中的好色之徒。所以要时刻注意与你单独接触的长者，尤其是异性，观察其是否有不正常的言行举止。不要随意单独接受某人邀请，去你不熟悉的地方，严厉拒绝对方动手动脚的行为，严斥对方的下流言语。

不要贪小便宜，随便接受陌生人的礼物。出门在外，不要随便招手搭陌生人的车。晚上不要单独乘出租车。必须出去办事时，一定要告诉父母到哪里去，何时回来，征求父母同意，最好有大人陪同。

穿着打扮要符合少男少女的身份，不穿过于裸露的衣服和奇装异服。不去营业性的网吧和歌舞厅；未经父母许可，不要在同学、朋友家过夜；不与任何人开不雅的玩笑，更不说脏话。不访问色情网站，不接触任何淫秽出版物。

不要随便把自己家的电话、地址、父母的工作单位或电话等属于个人或家庭秘密的信息告诉陌生人，以免招惹麻烦。

如果受到性侵害，应竭力采取自救行动。例如大声呵斥侵犯者，或向周围人求助；寻机报警，捉拿坏人；在无人可求的情况下，要机智地与对方周旋，以达到脱身的目的。

遭遇性侵害不是自己的错，不必自责自卑。要及时告诉父母或可信赖的老师；情况严重的要报告当地公安部门。要知道，你有权保护自己的尊严和健康，并且，默默容忍就是对坏人的放纵。

成长路上

身边的事

初二学生孙薇放学需乘公交车回家。她在不同的时间,多次经历过同样的遭遇——性骚扰。她说,有一次,车内并不是特别拥挤,但她身后一名男子故意和她靠得很近,用身体紧贴着她的身体,左蹭右蹭。幸亏当时旁边一位年纪较长的叔叔看到后对那人说:"瞧,后面地方大着呢,你挤人家小女孩干什么呀?"那人只得怏怏地离开。但如果没有别人的帮助,孙薇是不敢声张的,只会设法躲开。"因为怕报复,所以不敢骂他。"孙薇说。

二、慎用互联网，警惕网络陷阱

警惕互联网

当今世界已进入信息时代，电信互联网四通八达，给每个人提供了人际交流和信息沟通的最便捷的途径。青少年学会使用互联网，已成为一种现实的课外学习与娱乐需求，并且对未来生活与事业也是非常有用的。

但是网络有好有坏，关键看你如何利用，下面我们先看看几位同学在网络上的不同经历吧。

● 从初一开始，豆豆每个周末都会用2～3个小时浏览"网上世界"，从而补充了许多在学校难以获得的知识，从宇宙天文到文学艺术。他发现自上网以来，自己的作文水平和英语成绩都有所提高，

成长路上

打字也快了,还在网上找到了两个外地的初中朋友,讨论他最上瘾的足球赛事和最喜欢的歌星演唱会,感到天涯逢知己,内心很充实。

●明明一年前学会了上网,便天天在网上"漫游",什么都看,他对上网着迷上瘾了,连功课也顾不上做,甚至深夜还不睡觉。一年下来,学习成

绩大退步,身体显得虚弱,食欲不振,眼睛的近视程度加深。经过父母和老师的帮助,他终于醒悟过来,对过去一年的行为感到深深的后悔。最近,他向爸爸妈妈保证,每天做完功课就睡觉,只在周末上网。很快,他的身体又强壮起来,数学成绩名列前茅了。最重要的是,他与爸爸妈妈和老师的关系改善令他十分愉快。

●欣欣小小的年纪,就迷上了"网聊"。初二那年暑假,她在网聊中认识了一个叫"风雨无阻"的男人。欣欣从照片上看这个男人很英俊潇洒,他每天都要给她发来两三封 Email,说爱她、想她,已无

法忍受异地相思之苦,求她飞到遥远的海南岛,在椰子树下相会。欣欣激动万分,幻想着椰树下、海滩上情侣们的浪漫之约。她鬼使神差地从家中偷了3000元钱,就真的飞去海南了。

当一个中年男人在机场出口认出了欣欣,将她一把搂住,欣欣这时才知道自己上了当!在机场值勤巡警的帮助下,欣欣得以逃脱,但所带的钱物已被"风雨无阻"骗走。

经历了这场"劫难"后,欣欣终于初识了"网络陷阱"。因为心中那挥之不去的惧怕,她甚至请求妈妈卖掉电脑。

适度地上网对青少年是有好处的,然而,沉溺于网络则会产生极大的危害。

沉迷网络游戏的危害

总结起来,沉迷网络游戏有下面几大危害:

1. 带来心理和躯体疾病

自制力并不强的青少年对网络游戏极易上瘾,一旦"网

成长路上

瘾"发作，便会欲罢不能。起初只是精神上的依赖，渴望上网，而后可发展成为躯体上的依赖，表现出情绪低落、头昏眼花、双手颤抖、疲乏无力、食欲不振等症状，这就是医生所说的"网络成瘾症"。

玩网络游戏都需要几个小时的时间，有些人甚至连续玩上十几个小时。长时间的上网会引起植物神经紊乱，体内激素水平失衡，使免疫功能降低，引发心脑血管疾病、紧张性头疼、焦虑、忧郁等，甚至导致死亡。

> 2004年4月,一名高三学生在网吧玩《传奇》游戏时猝死。据第一个到达现场的医生说,孩子猝死时脸色发白,心跳、脉搏、瞳孔反射等生命体征消失,属于典型的过度紧张兴奋引起突发心脑疾病死亡。

同时,由于玩游戏时全神贯注,身体始终处于一种姿态,眼睛长时间注视显示屏,会导致视力下降,眼睛疼痛、怕光,适应能力降低,脖子酸痛,头晕眼花等。专家警告说,长时间的上网会影响青少年的脑发育。

2. 荒废学业

沉溺于网络游戏造成学习成绩下降。这一点,同学们应该很清楚,不用多说。

3. 要花费很多钱

把父母辛辛苦苦挣的钱用在玩网络游戏上,本身就是一件很不道德的事,更不要说因为上网而与父母之间的关系恶化,严重地破坏了骨肉之情。

4. 诱发各种社会问题

最突出的是青少年暴力问题。据公安部统计,当今诱发青少年暴力犯罪的祸首之一就是不健康的网络游戏。

成长路上

温馨提示：

电脑、互联网的出现是社会科技进步的结果，就看人们要如何去利用电脑、网络了。电脑、网络的发展，其首要功能是改善现代人的生活、工作和学习条件。青少年可以通过计算机学习一些对未来有用的东西。例如利用电脑学习课外知识、多媒体应用、课件设计等，利用互联网进行信息采集、学习资料检索、接受远程教育等。通过网络可以获得丰富的知识，增长自己的智慧，同时享受无穷的乐趣。

> **小资料**

迷恋网络游戏的危害

● 2003年12月，8个迷恋网络游戏的少年在虚拟世界里杀得天昏地暗还嫌不过瘾，他们把攻击目标转向了一个有血有肉、活蹦乱跳的年仅14岁的中学生，直至"目标"永远地倒下。

● 初中三年级的小伟原是个品学兼优的好学生，自从2003年9月在网吧迷恋上网络游戏后，成绩一落千丈。一边是父母想让他上重点中学的期望，一边是网络游戏的诱惑，让他一直处在矛盾中。小伟认为是网吧影响了自己的学习成绩，就用匕首将网吧老板陈某捅死。

● 2004年3月，初一（5）班3名学生在"黑网吧"内通宵玩游戏后在铁轨上睡着了，其中两名学生被火车轧死。更令人难以置信的是，被火车惊醒而死里逃生的14岁的罗某，在亲眼看见同伴被轧得血肉模糊的当天，仍然"情不自禁"地到网吧玩电脑游戏。

● 2004年5月，初三年级学生颜某因偷不着钱上网，竟将40岁的父亲杀死。

（以上资料来自互联网）

成长路上

小贴士

对网瘾少年的心理特点进行分析发现，网络游戏、网上聊天、网上不良信息、网恋等是导致青少年迷恋上网的主要因素。如果不能及时进行正确的疏导，形成网瘾的青少年不仅会出现成绩下滑、厌学等情况，还会逐渐影响其心理健康，产生孤独、恐惧、反叛等心理，严重的可能出现极端行为，后果不堪设想。网络成瘾的主要表现有：

1. 每天起床后情绪低落，头晕眼花，疲乏无力，食欲缺乏或神不守舍，而一旦上网便精神抖擞，百"病"全消。

2. 上网时表现得神思敏捷，口若悬河，并感到格外开心，一旦离开网络便语言迟钝，六神无主，怅然若失。

3. 只有不断增加上网时间才能感到满足，从而使上网时间失控，学业失控，花销失控。

4. 无法控制上网的冲动，不惜对父母、老师撒谎，甚至逃学。

5. 每看到一个新游戏网址，就会心跳加快或心律不齐。

6. 只要长时间不上网操作就手痒难耐，有时候刚离网就又有想上网的冲动，有时早晨一起床就有上网的欲望，甚至夜间上厕所时也想打开电脑。

7. 每当不能上网时就感到烦躁不安或情绪沮丧。

8. 平常有不由自主地敲击键盘的动作，或身体有颤抖的现象。

9. 对家人或亲友隐瞒迷恋网络的真相，把学习和补充营养的钱都用光，甚至为上网负债。

10. 因迷恋网络而面临失学、失业或失去朋友的危险。

同学们可进行自我测试，如果已经出现了上述四种以上表现，则可以判断为网络成瘾，需要及时寻求相应的救助。

三、预防性病、艾滋病，维护健康人生

有一类疾病，是由性行为或不良的生活方式与习惯而传播的，它们被统称为性传播疾病。

目前被列入性传播疾病的病种已达 20 余种。性传播疾病对人的健康威胁很大，它们不仅传染性很强，而且会引起各种并发症乃至生命的毁灭，有的还会遗传给下一代。

常见的性传播疾病

1. 淋病

这是当前我国患者人数居首位的性传播疾病，它主要见于泌尿系统，病状为尿道刺激和尿道口溢脓。男性感染一周后，80%会出现阴茎排出白色脓状分泌物，逐渐成为棕色脓液，并有尿急、尿频、尿痛等症状。还有阴茎头发炎，继而波及包皮，使尿道口红肿。淋病有 2～10 天的潜伏期，80% 的女性感染后没有明显症状，20% 的女性有外阴红肿，排尿灼痛、尿频等现象。

淋病的主要传播途径是性交直接传染，也有少数由通过分泌物、内衣、被褥、浴巾等间接传染。

2. 梅毒

这是一种症状复杂、病程长的疾病，不治疗会导致死亡。早期梅毒主要侵染皮肤和黏膜，晚期可扩及人体的许多脏器，特别容易损害心脏和中枢神经系统，使患者变成残废或精神错乱者。90%的梅毒患者是通过性交直接传染的，其他的传染途径是"胎传"，即母亲在妊娠期间通过胎盘血液传染胎儿。此外，输入患者的血及接触患者穿过的衣服、用过的器具等也可能被传染。

3. 尖锐湿疣

尖锐湿疣主要是通过性交传染。病状表现为外生殖器官及其周围出现典型的疣状丘疹，进而发生糜烂、渗液，触及时易出血，有恶臭，局部有瘙痒。尖锐湿疣若不及时治疗，还可能导致癌变。

艾滋病——生命的杀手

艾滋病是"获得性免疫缺陷综合征"，根据英文全称（Acquired Immune Deficiency Syndrome）的字头缩写为"AIDS"。艾滋病是由一种叫人类免疫缺陷病毒（英文缩写HIV）引起的。艾滋病病毒可以存活在人的各种体液中，它攻击人的免疫系统，直至完全摧毁人体的免疫能力，进而导致发热、腹泻、结核、异常感染及恶性肿瘤等病症，最终造成患者死亡。

成长路上

艾滋病在中国的蔓延不仅危及我国政治、经济、社会的发展,而且对世界其他各国艾滋病的流行有着举足轻重的影响。

艾滋病是一种病死率极高的传染病,目前还没有可治愈它的药物和方法。

世界各国的医生们早已开始从多方面试验治疗的方法,但均未找到有确切疗效的办法,只有几种可减轻病痛和延缓死亡的药物,但费用高昂。迄今为止,对付艾滋病这一杀手的最好办法,就是预防。

艾滋病的传播渠道主要有三条:性交传播、血液传播、母婴传播。与艾滋病人日常的接触是不会感染艾滋病的。

专家建议

欧美国家经历了艾滋病肆虐20多年的灾难,不得不对其半个世纪的"性开放"加以否定。

第一,绝对安全的性应是保证其终生只有一个忠实的性伙伴,多一个性伙伴就多一份感染艾滋病的危险。

第二,性关系开始得越早,一生中只有一个性伙伴的可能性就越小,而多性伴侣的性关系恰恰是感染艾滋病的危险所在。所以,在欧美国家的许多青少年群体中,都重新提出了"婚前贞洁""婚后忠诚"的所谓"保守"口号,这是因为人们在"健康与生命"和"艾滋病与死亡"两者之间,必须明智地选择前者。

当然,对那些不能把性推迟到或保持在与唯一的性伴侣关系中的人们来说,性交时使用"安全套"的办法也可以作为一种保护措施。

小知识

12月1日,世界艾滋病日

为了提高公众对艾滋病危害的认识,更有效地唤醒人们采取措施预防艾滋病的传播和蔓延,世界卫生组织于1988年1月确定每年的12月1日为世界艾滋病日,号召各国在这一天举办各种活动,宣传和普及预防艾滋病的知识。自世界艾滋病日设立以来,每年都有一个明确的主题。

成长路上

历年世界艾滋病日主题

1988年　全球共讨，征服有期

1989年　我们的生活，我们的世界——让我们相互关照

1990年　妇女与艾滋病

1991年　共同迎接艾滋病的挑战

1992年　预防艾滋病，全社会的责任

1993年　时不我待，行动起来

1994年　艾滋病与家庭

1995年　共享权益，共担责任

1996年　同一世界，同一希望

1997年　生活在艾滋病蔓延时代的儿童

1998年　青少年——迎战艾滋病的生力军

1999年　关注青少年，预防艾滋病——倾听、学习、尊重

2000年　预防艾滋病——男士责无旁贷

2001年　预防艾滋病，你我同参与

2002年　相互关爱，共享生命

2003年　相互关爱，共享生命

2004年　关注妇女，抗击艾滋

2005年　遏制艾滋，履行承诺

2006年　遏制艾滋，履行承诺

2007年　遏制艾滋，履行承诺

2008年　遏制艾滋，履行承诺

2009年　普遍可及和人权

2010年　正视艾滋，重视权益，点亮反歧视之光

2011年　行动起来，向"零"艾滋迈进

2012年　行动起来，向"零"艾滋迈进

2013年　行动起来，向"零"艾滋迈进

2014年　行动起来，向"零"艾滋迈进

成长路上

四、拒绝毒品，珍爱生命

当今全球性的毒品泛滥，已成为危害人类最严重的社会问题之一。尤其令人忧虑的是，吸毒者的年龄越来越小。自1992年以来，世界上12～17岁的青少年吸食大麻叶的人数增加了1倍以上，而由于注射毒品感染上艾滋病的人数则增加了64倍，委实令人震惊。

小知识

《中华人民共和国刑法》第357条规定："毒品是指鸦片、海洛因、甲基苯丙胺（冰毒）、吗啡、大麻、可卡因以及国家规定管制的其他能够使人形成瘾癖的麻醉药品和精神药品。"

摇头丸："迷人"的毒魔

"摇头丸"在国外被称为"迪斯科毒品"或"狂欢丸"。它是一种苯丙胺类毒品（MDMA），属于毒衍生物。此毒品是粒状药片，目前有白色、粉红色、橘黄色、蓝绿色等，有的上面分别有蝴蝶、鳄鱼等图案和M、RN、UPT等字母。由摇头丸衍生而来的还有隐蔽性更强的摇头水等。

"摇头丸"作为兴奋性的精神活性物质，滥用后使人在心理上感到兴奋，同时又使人具有厌食和减轻体重的作用，容易让人接受。正是这些特性，使人误以为它没有海洛因、可卡因那样的毒性。但所有的危险就隐藏在这误区的背后。

如果连续滥用"摇头丸"1～2周，服用者就会出现不讲个人卫生、乏力、记忆缺损、睡眠障碍甚至精神错乱等症状，也会产生视力障碍，如觉得眼前物体在闪烁发光或摆动摇曳，不少人还会出现咬牙、磨牙、出汗、恶心、头昏、走路或持物不稳、心动过速等病状，即使不再服用"摇头丸"，这种情况也将持续数周之久。"摇头丸"还易产生急性中毒，严重者会出现中毒性精神病。特别是在服用"摇头丸"后的狂欢中，因舞场内闷热、通风不良和供水不足等原因，服药后死亡的例子屡见不鲜。

目前，我国吸毒者中80%左右是青少年。青少年对"摇头丸"等毒品，往往只见其威力，不知其危害。"别去碰它，不要去尝试它"——这是每个青少年面对"摇头丸"时应该采取的唯一行动。

毒品可谓"人间恶魔"，它使吸食者快速上瘾，强烈依赖。它的毒性能一点点地把人的骨髓熬干、骨头咬碎，从而毁灭生命。每一个吸毒者的家庭都将伴随着永远无法逃离的灾难。

成长路上

滥用毒品的代价

1. 死亡

吸毒者绝大多数都难以戒除,吸毒量日益增大,可导致呼吸系统功能衰竭而死亡。还有的是因吸毒破坏血循环系统,导致"细菌性心内膜炎",出现全身性化脓而死亡;或者导致消化系统疾病、中枢神经系统疾病以及感染艾滋病毒等,最终使人走向死亡。

2. 人格扭曲

长期吸毒导致人格畸形,道德沦丧。由于毒品成为瘾君子们的唯一需求,他们把绝大部分的心思和时间都用在获取和消费毒品上,为此而变得自私、冷漠、丧失责任心、自暴自弃、自卑、孤独、厚颜无耻、六亲不认甚至会走上诈骗、偷窃、抢劫行凶。染上毒瘾的女性为了获得毒资,不惜出卖肉体,从而又染上性病、艾滋病,更加速了死亡。

3. 殃害家庭

一人吸毒，全家遭殃。由于吸毒是持续性的高消费行为，支出巨额毒资，使家庭财力耗尽，甚至债台高筑。据统计，吸毒者中50%以上导致家庭破产，至于遗弃老人和妻儿，发生家庭暴力者，更不鲜见。家人为吸毒者反复戒毒而不能脱瘾感到痛心疾首、精神崩溃。这些都严重影响了全家人正常的生活、工作与健康。

4. 危害社会

据调查，80%吸毒者都有违法犯罪行为。许多大案要案，如抢劫银行、入室谋财害命等，都与获取毒资有关。为了打击毒贩，强制吸毒者戒毒，每年政府都要投入大量的人力、物力、财力，这就严重地影响了社会秩序和经济建设。

成长启示录 6

一个垂死的19岁青年痛苦地躺在墨西哥一座城市的医院病床上。他无助地望着四周，恐惧感占据了他的心灵。

他把胳膊伸向旁边的小桌子，拿出纸和笔，艰难地给爸爸写起信来：

爸爸：

　　我非常后悔。我不久将死去，这一点我十分清楚……

　　我接触杀害我的刽子手——毒品，是在15岁。介绍给我毒品的人衣冠楚楚、谈吐自如。起初，我试图拒绝，但那个人对我说，我是男子汉，没有必要害怕。于是，我走进了万丈深渊——毒品世界。

　　起初，我感觉不舒服。后来，我以此来消磨时光。随后，我对一切都淡漠起来。再后来，一离开它就什么也干不下去，我感觉窒息、恐惧并产生幻觉。

　　慢慢地，我离不开毒品了，它冲着我笑了。

　　爸爸，我才19岁，但我再也支撑不下去了。对我来说，一切为时已晚。

　　现在，我有最后一个请求：请把我的事告诉其他青少年，您就对他们说，在学校门口，在任何一个地方，总有人试图拿他们的前程开玩笑，总有人试图残害他们的生命。

　　爸爸，请求您，在他们后悔莫及之前，您替我做这件事。

　　请原谅我，我的糊涂给您带来了痛苦。

　　永别了，爸爸。

> 他写完信,挣扎着把信放在了小桌上。他试图呼吸,但做不到。铅笔从他手中滑落,他头一歪,永远离开了这个世界。

青少年吸毒的原因

1. 好奇

近年来,在某些青少年业余时间经常出入的场所,如网吧、卡拉OK厅,甚至小咖啡吧等地,频频出现海洛因的诱惑。青少年听说吸食海洛因"时髦""飘然""激情浪漫",于是禁不住去尝试。他们只要好奇地吸上第一口,就难以自拔了。70%以上的青少年初试毒品,都是在好奇心的驱使下。

2. 轻信、受骗

有些毒贩子将毒品包装为保健品,鼓吹其如何健身、提神、益智等。许多青少年遇到这类陌生"推销员",不向家人和老师问个究竟,就轻信了谎言,贪图人家"白送"的第一口,然后就一发而不可收。

3. 精神空虚

少数不求进取、缺乏生活情趣、不与他人沟通的青少年，在孤独与空虚中感到难以度日，便到处寻求"刺激"。他们一旦寻上毒品，开始是感到兴奋，接着就陷入毒坑了。越吸越空虚，最终走上绝路。

 专家提示

毒贩子用什么伎俩向青少年推销毒品

谎称"让你永远开心无烦恼"，其实是一日吸毒，永远迷毒。

利用青少年手头钱少、贪图便宜的特点，免费让你尝试，甚至一次两次地"便宜"你，勾你上瘾，你就会高价去买。

打着"治病"的幌子，作为"偏方"推荐给你，实则让你失去免疫力，导致大病缠身。

构筑青春防线

利用少女爱美之心，谎称"摇头丸可减肥"。然而一旦上瘾，食欲减退，面容憔悴，骨瘦如柴，生命之火熄灭，还谈什么"美"?

　　中学阶段是人生的关键时期，青少年对生活充满热情和憧憬，渴望拥有五彩斑斓的生活和美好的前程。在这个关键时期，如果吸了第一根烟，尝试了第一口毒品，涉足了青少年不宜进入的场所……你的人生悲剧也许就拉开了序幕。

　　要避免悲剧的发生，就必须构筑拒绝毒品的心理防线。

　　做到"四要"：

　　一要知道什么是毒品。

　　二要知道吸毒极易成瘾，难以戒除。

　　三要知道毒品的危害。

　　四要知道吸毒、贩毒是违法犯罪，都要受到法律制裁。

成长路上

入门毒品烟和酒

学校禁止学生吸烟、饮酒。我看到高年级男生有的偷偷吸烟饮酒。难道烟酒也是毒品吗？

烟和酒中含有某些毒素。如香烟中的尼古丁和酒中的乙醇（酒精）均是毒素，具有刺激和麻醉神经的作用，能使人成癖上瘾，造成人体免疫功能下降而染上各种疾病。

由于青少年对烟酒的危害缺少认识，自控能力不强，觉得尝试烟酒好玩，又不太贵，吸烟饮酒还能显示"派头"等，就很容易染上吸烟饮酒的不良习惯。

吸烟导致神经系统、呼吸系统、消化系统出现的种种疾病，早已被世界各国的医学临床案例所证明。人吸烟的典型后果是患肺癌死亡。

饮酒造成酒精依赖，严重者脾气暴躁、萎靡不振，以致丧失工作能力；更严重者导致营养不良、消瘦、乏力、肝硬化、食道静脉曲张

等，这都是重病和死亡的原因。

吸烟饮酒对青少年的危害尤甚。因为青少年正处在生长发育期，身体的各个器官系统尚属娇嫩，对刺激的反应十分敏感，烟酒中的有毒物质更易被吸收，对心、肺、肝脏功能的损害更大。

总之，毒品是健康和生命的大敌。据医学统计，吸毒者短则2年，长则8～10年就会死亡。年轻时就吸毒的人，一般寿命不会超过40岁。

小贴士

如何拒绝第一支烟？

（1）微笑着说："不，谢谢！"

（2）找借口拒绝，例如："我最近有点咳嗽，不能吸烟。"

（3）礼貌谢绝，坚决不伸手接别人递过来的烟。

（4）在别人敬烟的时候，立即找借口暂时走开。

（5）对方敬烟的时候，及时改变话题。

（6）冷静拒绝，让别人知道你是坚定的不吸烟者。

（7）与不吸烟者在一起，为自己创造不吸烟的环境。

（8）避开吸烟的场合。